Johanna Rösler-Kapp

Die Geisteswelt
ist nicht verschlossen

Aus dem Tagebuch einer
bayerischen Hellseherin

Deutsche Erstausgabe
2. Auflage 2010
© Aquamarin Verlag GmbH
Voglherd 1
85567 Grafing

www.aquamarin-verlag.de

Lektorat und Bearbeitung nach Aufzeichnungen

von Johanna Rösler-Kapp: Karin Kern, Landsberg

Umschlaggestaltung: Annette Wagner

Druck: Bercker • Kevelaer

ISBN 978-3-89427-487-0

Johanna Rösler-Kapp
Die Geisteswelt ist nicht verschlossen

Inhalt

Einleitung 7
Meine Kindheit 11
Wie alles begann 15
Der große Krieg 29
Neubeginn und Flucht 40
Ein ganz normales Nomadenleben 54
Endlich angekommen 70
Intensive Jahre in Landsberg am Lech 72
Ein zweites und ein drittes Glück 82
Das Wahre sehen und das Richtige sagen 86
Als Prominenter kommen und als Mensch gehen 89
Wie funktioniert das Hellsehen eigentlich? 92
Es macht mich glücklich,
wenn ich Unheil verhindern kann 101
Was ist eigentlich Magie? 107
Sehen heißt intensivste Gabe der Einfühlsamkeit 109
Es gibt Dinge zwischen Himmel und Erde 113
Die Esoterik boomt – die Kassen klingeln 115
Von echten Hellsehern und blinden Quacksalbern 118
Ich sage nur die Wahrheit 121

Sensationslust oder Hellsehen? 127

Gott gab mir die Gnade zu sehen. Er sprach aber nicht zu mir: „Johanna, du sollst darben!" 130

Gnade ist keine Last 135

Gott erhört meine Gebete 137

Vom Glauben und Aber-Glauben 138

Ein Leitfaden für inneren und äußeren Frieden 142

Nun bin ich alt und weise 145

Einleitung

Mit diesem Buch möchte ich den Menschen eine Lebenshilfe geben. Sie sollen unterscheiden lernen zwischen der ehrlichen Begabung des Hellsehens und der betrügerischen Leichtfertigkeit der Scharlatanerie.

Was ich hier beschreibe, hat sich wirklich alles so zugetragen. Mein Leben war aufregend, schön und leidvoll. An diesem Lebens-Potpourri ist meine Kraft gewachsen; denn wie jeder Mensch, muss auch ich mein Karma durchleben.

Seit über achtzig Jahren erfahre ich die Gnade Gottes, der mich mit der Fähigkeit ausgestattet hat, durch hellseherische Kräfte meinen Mitmenschen zu helfen. Er hat mich als eines seiner Werkzeuge ausgewählt. Neunzig Lebensjahre sind eine lange Zeit, in der mich meine hellseherische Fähigkeit nie verlassen hat – welche große Gnade! Vor allem beglückt es mich, dass die allermeisten Aussagen, mathematisch gesehen schätze ich sie auf etwa neunzig Prozent, zutreffend waren und eingetreten sind. Das ist für mich der Beweis, dass ich mit meiner Kraft und mit dieser Fähigkeit Gottes Willen erfülle.

Ich danke Gott für alles, was ich erfahren durfte. Mein Leben ist von der Erkenntnis getragen, dass ich Menschen helfen kann. Ich muss es: Denn Gott hat mich beauftragt.

Das Vertrauen in meine hellseherische Fähigkeit war auch in jenen Jahren unerschütterlich, als Krieg, Tod und Krankheit mich schwächten. Vielen Menschen konnte ich damit helfen – auch mir und meiner Familie. Aber wenn man älter wird, muss man mit seiner Kraft haushalten.

Ich bin oft krank gewesen und habe viele schmerzliche Verluste in der Familie und im Freundeskreis verkraften müssen. Ich sah zum Beispiel schon ein Jahr im Voraus, dass ich meinen Mann verlieren würde. Das war eben mein Karma. Aber ich konnte das letzte gemeinsame Jahr, ohne dass er selber von seinem baldigen Tod wusste, in aller Intensität mit meinem Mann erleben.

Danach habe ich mir gesagt: „Das Leben geht weiter. Viele Menschen brauchen deinen Rat und deine Hilfe." Deshalb danke ich meinem Herrgott jeden Tag für die Kraft und die Gabe, mit der er mich ausgestattet hat. Trotz der vielen Sorgen, die ich hatte, bleibe ich dabei: Fast jeder Tag in meinem Leben war und ist schön; denn zu helfen ist eine wunderbare Aufgabe. Ich werde arbeiten, so lange mir Gott die Gabe und die Kraft dazu schenkt.

Ich empfinde meine Seherinnenfähigkeit als großes Glück, aber auch als große Verantwortung den Menschen gegenüber, mit denen ich arbeite. Dafür habe ich viel Anerkennung bekommen. Mein Leben besteht deshalb vorwiegend aus Dankbarkeit, die mir von den Menschen zufließt, mit denen ich arbeite.

Die Quersumme meines Lebens, wenn es so etwas gäbe, wäre ein großes Glücksgefühl und mein täglicher Dank an Gott, dass ich in dieser Weise arbeiten darf. Wie alle älteren Menschen, habe auch ich im Laufe meiner langjährigen Arbeit eine große Menschenkenntnis erworben, zumal mich die Fähigkeit des Sehens, auf die ich mich immer wieder verlassen konnte, gelehrt hat, tief in die Menschen hineinzuschauen. Was ich in ihnen sehe, kann man nicht immer mit theoretischer Psychologie, der ich mich auch gewidmet habe, erklären. Manche Dinge kann man nicht erklären. Sie sind einfach so! Daher lese ich in meiner Sammlung von Briefen, Karten und Grüßen oft: „Der liebe Gott möge Sie behüten, liebe Frau Kapp, wir brauchen Sie doch noch!", so schrieb mir kürzlich ein alter Freund. Gibt es einen schöneren Dank und einen besseren Grund zu leben?

Johanna Rösler-Kapp

Meine Kindheit

Die Ferien bei den Großeltern im thüringischen Eisenberg waren für mich immer ein Erlebnis. Welches Kind würde so etwas nicht behaupten?

Meine Geschwister, zwei ältere und zwei jüngere Brüder, erlebten die Ferien bei den Großeltern mütterlicherseits wahrscheinlich ganz anders als ich. Großvaters Schusterwerkstatt, der Garten und die Blumen vor dem Haus waren für unseren Ferienaufenthalt einfach wunderbar. Großvaters Leidenschaft für frischen Obstkuchen kam schließlich auch uns zugute! Aber Großmutters Augen blieb nichts verborgen, vor allem nicht die Speisekammer, in der der Kuchen ungestört von unserem Appetit vor sich hin duftete.

Vor allem die wunderschöne Erscheinung der alten Frau, die sie damals noch gar nicht war, begeisterte und beeindruckte mich. Großmutters Kleidung war elegant, oft mit wunderbarem Schmuck verziert. In meinen Augen war sie eine große Dame.

Nichts aber zog mich so sehr zu Großmutter hin wie ihr Ruf als weise Frau, als eine im weiten Umkreis bekannte Wahrsagerin. Die „Christel von Thüringen" hieß sie im

Volksmund, und viele Frauen kamen zu ihr. Alle in dem Städtchen Eisenberg wussten, dass sie eine sehr gläubige Frau war, die Dinge sehen konnte, die andere nicht glauben wollten. Ein besonderer Glanz ging für mich von meiner Großmutter aus, und meine Mutter lächelte nur, wenn ich von ihr schwärmte.

„Setz dich zu mir", sagte Großmutter immer und schob mir eine Fußbank hin. „Sei still und pass schön auf; denn du musst das später auch einmal machen …" Und dann beobachtete ich sie schweigend und ehrfürchtig, wenn sie mit den Leuten sprach, die zu ihr kamen, wie sie ihnen die Hand auflegte oder zum Pendel griff. Es waren ganz unterschiedliche Leute: Feine, wie ich sie nannte, Bauern und viele junge Frauen. Großmutter musste weit über Eisenberg hinaus bekannt sein, denn die Leute kamen manchmal von weit her. Ihre Kunst, Dinge vorauszusehen oder aus der Hand zu lesen, brachte ihr eine große Kundschaft ein.

Ich habe Großmutter bei ihrer Arbeit beobachtet. Ich sah nichts Besonderes in ihr. Sie konnte eben Dinge sehen, die andere – auch ich – nicht sahen. Großmutter sprach über Ereignisse, die weit in der Vergangenheit der Leute lagen. Die staunten dann nur so, weil fast alles zutraf, was sie sah! Und dann sprach sie über die Gegenwart – das waren ja meistens die Probleme, weshalb die Leute zu ihr kamen.

Irgendwie bewunderte ich Großmutter wegen ihrer Fähigkeit, andererseits war sie eine ganz normale Frau, die viel betete und auch mich dazu anhielt. Sie sah gar nicht aus wie eine Heilige. Für mich war sie eben ganz normal.

Die Leute waren oft sprachlos über Großmutters Voraussagen. Manche weinten, viele schüttelten ungläubig den Kopf, andere machten eine verlegene Miene. Die Zeitdauer, in der meine Großmutter mit den Ratsuchenden arbeitete, war unterschiedlich lang. Manche blieben zwei Stunden. Danach war Großmutter immer sehr müde. Andere gingen schon nach kurzer Zeit wieder weg. Mir schien es, als ob Großmutter keine Lust hatte, mit diesen Leuten zu sprechen.

Ich fragte sie danach. „Warum warst du so kurz angebunden?", wollte ich wissen, „für andere Leute nimmst du dir doch sehr viel mehr Zeit?" Manchmal war sie nach der Arbeit sehr angerührt, ein anderes Mal schien sie mir sogar etwas zornig. „Die glauben doch sowieso nicht daran", antwortete sie auf meine Frage. „Man muss unterscheiden können, wer wirklich Rat sucht und wer nur neugierig ist oder sogar ein Verbrechen im Kopf hat und dazu meine Voraussage will. Aber solche Leute erkenne ich. Ich sehe, was die im Schilde führen. An solche Menschen vergeude ich meine Kraft nicht."

Damals verstand ich nicht viel davon, aber ich glaubte der Großmutter. Viele Jahrzehnte später, als ich selbst eine gesuchte Hellseherin geworden war, wusste ich, was sie gemeint hatte.

Mich hat es oft gewundert, wenn Großmutter nach dem Gespräch oder dem Kartenlegen die Leute wegschickte, ohne Geld von ihnen zu nehmen. „Warum hast du nichts verlangt?", fragte ich einmal. „Weil sie selbst nichts haben, Hannerl. Ich will den Menschen helfen. Und wenn sie mir etwas geben können, nehme ich es gern. Meine Arbeit lässt sich nicht immer mit Geld bezahlen. Das wirst du später selbst einmal erfahren; denn du wirst meine Arbeit fortsetzen. Auch du hast die göttliche Begabung erhalten. Ich sehe das", sagte sie.

Viele Jahre später, Großmutter war lange tot und ich hatte meinem eigenen Ruf als Wahrsagerin bereits Folge geleistet, sprach ich häufig mit ihr. Sie war und blieb meine Seelenverwandte; und oft habe ich sie mit in mein Gebet hineingenommen, wenn ich Gott bat, mir die Kraft zu erhalten, immer das Richtige zu sehen.

Wie alles begann

Die Ferien waren nur eine wunderbare Unterbrechung des normalen Lebens und meistens viel zu schnell vorbei. Ich lebte mit meinen Eltern und meinen Brüdern in Bad Köstritz in Thüringen. Mutter, die sich um uns fünf Kinder und den Haushalt kümmerte, erschien mir streng und handfest. Anders hätte sie die Arbeit in dem großen Haus wahrscheinlich gar nicht schaffen können. Sie lächelte nur immer, wenn ich von Großmutters Gabe als Wahrsagerin schwärmte. Sie nannte mich „Hanni, die Feine". Die andere Großmutter, die Mutter meines Vaters, war nämlich eine italienische Adlige gewesen, und ich muss eine gewisse Ähnlichkeit mit ihr gehabt haben. Mutter hat mich nie so recht ernst genommen, zumindest schien es mir so. Aber bald wurde sie doch ein wenig aufmerksam auf mich. Davon aber später …

Ich war sozusagen ein „Nachkriegskind", am 13. Mai 1919 geboren. Mutter hatte es in den Jahren der Weltwirtschaftskrise nicht immer leicht, uns Kinder satt zu bekommen.

Mein Vater arbeitete als Inspektor auf einem Schloss. Ich liebte ihn sehr wegen seiner herzlichen Art. An einem schönen Sonnentag bat mich mein Vater, ihm sein Mittagessen aufs Feld zu bringen. Er wollte ein wenig Zeit mit mir verbringen. Ich fühlte aber, dass heute ein anderer Tag war als sonst.

Schon morgens beim Aufstehen, ich hatte sehr schlecht und unruhig geschlafen, fühlte ich mich irgendwie verwirrt. Hatte ich schlecht geträumt? Ich konnte mich aber an keinen Traum erinnern. Irgendetwas war anders als sonst. Ich fühlte es nur, konnte aber überhaupt nichts damit anfangen. Mir fiel es schwer, die übliche morgendliche Mühle in Gang zu werfen. Immer wieder schweiften meine Gedanken ab. Irgendetwas verwirrte mich, machte mich unruhig. Ich glaubte, Dinge zu spüren, die mir bislang unbekannt waren. Mit einem Wort: Alles war anders als sonst; und eigenartigerweise musste ich schon am Morgen mit einer so großen Innigkeit an meine Großmutter denken, die ich einige Wochen lang nicht gesehen hatte.

Als Vater mich an diesem eigenartigen Morgen nach dem Frühstück bat, ihm gegen Mittag das Essen aufs Feld hinaus zu bringen, erzählte ich von meiner Verwirrung.

„Ich bin heute so durcheinander, Vater. Ich glaube, heute werde ich nicht zu dir aufs Feld kommen."

Mein Vater schaute mich ein wenig erstaunt an, denn er wusste, dass ich ihn leidenschaftlich gern auf seiner Arbeit besuchte. Ich war gern draußen in der Natur. Der Wald roch immer so gut, und auf den Feldern gab es immer etwas zu sehen. Rebhühner mit ihren langen Schwänzen flatterten auf, wenn wir kamen. Am Boden raschelten die Mäuse, und wenn der Wind über die Ähren fegte, war das wie ein Lied für mich.

„Ich spüre Wind und Regen, Vater."

„Aber nein! Schau hinaus, Hannerl, die Sonne scheint, es ist herrlichstes Wetter! Und da sprichst du von Regen?", lachte mein Vater.

„Lach nicht, es wird schlimmer als sonst. Ich fühle ein Unwetter kommen."

Mein Vater schaute mich an. „Was ist denn mit dir los, Hannerl? Spinnst du jetzt genauso wie deine Oma?"

Da platzte es aus mir heraus: „Nein, Vater. Ich spinne nicht, wirklich nicht. Aber ich sehe ein schweres Unwetter auf uns zukommen. Hundehütten und Heuhaufen werden auf der Elster schwimmen. Wir bekommen ein gewaltiges Hochwasser."

Ich wusste selbst nicht, weshalb ich das sagte. Schlagartig war mir das in den Sinn gekommen. In meinem Kopf sah ich, wie der Fluss zu einem reißenden Strom ansteigen und Wiesen und Gehöfte überschwemmen würde. Ich hörte das Geschrei der Hühner und das angsterfüllte Meckern unserer Ziegen. In den Ställen brüllten die Kühe. Die Pferdeställe aber waren eigenartigerweise leer; denn die Pferde trieben zwischen Hütten und Holzteilen in den ansteigenden Elsterfluten. An den Ufern standen Menschen und schrien vor lauter Angst.

Das alles erzählte ich meinem Vater, vielleicht etwas verwirrt, denn er schaute mich mit ungläubigen Augen an. Aber meine Angst stieg und stieg. „Die Kinder müssen aus dem Fluss gehen, Vater, sag ihnen das, sonst ertrinken sie!"

Vater lächelte nicht mehr. Aber er sah mich mit verwunderten Augen an. Er spürte meine Angst und zog mich zu sich heran. „Na gut, Hannerl, dann bringst du mir heute eben kein Mittagessen aufs Feld. Aber ich muss raus. Die Arbeit muss erledigt werden."

„Geh nicht, Vater!", bat ich noch einmal. Für mich kleines Mädchen, ich war damals zehn Jahre alt, war alles wie ein böser Traum. Ich hatte Angst; und doch musste ich darüber sprechen. Ich wusste ja selbst nicht, was das alles bedeuten sollte. Tränen rollten mir über die Wangen. Ich begann zu schreien.

Mein Vater nahm mich in seine Arme und sah nun sehr besorgt aus. So kannte er mich nicht. Ich war immer seine fröhliche, unbeschwerte kleine Tochter gewesen. Er versuchte, mich zu beruhigen. Aber es war sinnlos. Ich schrie und weinte und hörte nicht auf seine beruhigenden Worte. Mein Vater war ein bodenständiger Mensch. Naturverbunden und erfahren mit Wetter und Wind. Ich wusste, dass er nur glaubte, was er sah. Und nun gebärdete ich mich wie ein verwirrtes Ding, hing in seinen Armen, weinte und jammerte. Er wusste ja nicht, was geschehen würde. Aber er sah auch meine Not. Dann sagte er nur immer wieder, bis ich mich ein wenig beruhigt hatte: „Ist doch gut, meine Kleine. Ist doch gut ..."

Vater ging aufs Feld. Ich versuchte, mich zu beruhigen und dachte an Großmutter. Was hätte sie zu dem gesagt, was mich so schrecklich umtrieb? Ich zog mich in mein Zimmer zurück und betete.

Als der Nachmittag hereinbrach, türmten sich graue Regenwolken am Himmel. Sturm fauchte auf und kündigte das von mir vorausgesagte Unwetter an. Kurz darauf kam mein Vater nach Hause, pitschnass und aufgeregt. Er hatte tatsächlich die badenden Kinder aufgefordert, sofort nach Hause zu gehen. Niemand war in der Elster ertrunken, die vom Regen und Wind gepeitscht wie ein Strom die Ufer überschwemmte.

Ich hatte mit meiner Voraussage die Kinder gerettet. Nun wusste ich, was mit mir geschehen war.

Wie soll ich das Ganze beschreiben? Es fällt mir noch heute schwer. Ich werde oft gefragt, wie das „ist", wenn ich „etwas sehe". Nach diesem Ereignis ahnte ich, dass ich wohl die gleiche Gabe mitbekommen hatte wie Großmutter. Nur war sie eine alte Frau (für mich war sie eine große Dame!). Alten Menschen glauben die Leute leichter. Ich aber war eine zehnjährige Göre, spielte mit Hasen und Blumen, war ein ganz normales, bisher unauffälliges Kind, das die Natur beobachtete und gerne Bücher las.

Auch ich selbst war überrascht, als sich meine Verwirrung und meine Ängste schließlich in diese Vision verwandelten. Ich hatte immer gedacht, dass sich so etwas irgendwie ankündigen würde. Als Vater mich bat ihn abzuholen, trat es im selben Moment ein. Ich sah das Unwetter, spürte den Sturm in meinen Knochen, sah den Regen auf die Wiesen und Felder prasseln. Draußen war alles noch still. Nur in mir nahm das Gewitter Formen an. Eine innere Stimme sprach zu mir, es war keine fremde Stimme, sondern meine eigene leise innere Stimme. Es war kein Sprechen, die Stimme kam lautlos aus meinem Körper. Es war ein Zustand, den man nicht wirklich beschreiben kann.

Es war gar nicht so aufregend, dass ich nun zum ersten Mal etwas vorhergesehen hatte. Großmutter hatte wohl Recht, wenn sie mir ihre Geheimnisse anvertraute, weil sie ahnte (oder wusste sie es?), dass auch ich diese Fähigkeit des Hellsehens besaß. Natürlich erschrickt ein kleines Mädchen aber, wenn es solche Dinge vorhersieht.

„Bin ich jetzt auch eine Auserwählte?", fragte ich mich mit größtem Respekt vor der gewaltigen Aufgabe, die ich vor mir sah. Ja, damals hatte ich den großen Wunsch, Hellseherin zu werden, genau wie Großmutter. Ich stellte mich vor den Spiegel und betrachtete mein Gesicht ganz genau. Hatte sich etwas verändert in mir? Mein Gesicht sah noch genau so aus wie vorher. Meine schwarzen Augen zeigten keinen besonderen Glanz. Nur ein wenig mulmig war mir zumute.

Mutter schwieg, als sie von meiner seherischen Fähigkeit, genauer gesagt von meiner Vor-Sehung mit dem Gewitter, hörte. Nur Vater strich mir, wie er das oft tat, über den Kopf. Als Großmutter davon erfuhr, lächelte sie mir zu. Wir mussten nicht miteinander sprechen, wir wussten voneinander.

Was mit mir geschehen war, sprach sich natürlich sofort herum in unserem Dorf. Doch ebenso schnell, wie sich das Gerücht verbreitete, dass ich „Sehen" könnte, verschwand es auch wieder im normalen Alltag des dörflichen Lebens. Nur mein Vater fragte mich danach noch oft: „Na, Hannerl, was machen wir heute?" Und dabei lächelte er immer.

In der Schule erkannten meine Freundinnen recht bald, welche Vorteile meine seherische Gabe auch für sie hatte. Bei schweren Aufgaben bedrängten sie mich oft mit Fragen, ob sie die Arbeiten und Schulaufgaben schaffen würden. Es ging immer so aus, wie ich es ihnen vorhergesagt hatte.

Unser Spielplatz war das riesige fürstliche Anwesen, das von weiten Wäldern umgeben war. Eines Abends saßen wir, unsere ganze Familie, wieder einmal beisammen und erzählten uns die Dinge vom Tage. Dann wurde es Schlafenszeit.

„Geh heute noch nicht ins Bett, Vater. Im Wald wird es bald brennen. Du musst raus und helfen!", sprudelte es plötzlich aus mir heraus. „So, so", sagte Vater und stimmte in das ungläubige Lachen der anderen ein. „Unser Hannerl weiß wieder mal etwas besser."

Wir blieben noch eine Weile sitzen, als etwa eine Stunde später die Feuerwehrsirene aufheulte. Wir rannten hinaus. Über dem Wald stand eine schwarze Rauchwolke, von Flammenzungen rot gefärbt. Vater und andere Männer aus dem Schloss rannten in den Wald, um das Feuer zu löschen. Ganz in der Nähe des Brandherdes stand ein Haus, auch das brannte lichterloh. In letzter Minute konnte unser Vater noch ein Mädchen aus dem brennenden Hause holen. Er – oder ich? – haben das Leben des Kindes gerettet. Seitdem verbreitete sich mein Ruf als Mädchen, das „sehen" konnte, schon mit etwas mehr Anerkennung.

Aber es geschah nichts Aufregendes mehr in den folgenden Monaten. Ich lag gewissermaßen selbst bei mir 'auf der Lauer'. Ich wusste nicht, ob ich mich auf meine seherische Fähigkeit wirklich verlassen konnte, doch war sie permanent bei mir. Wenn es meinen Brüdern gelegen kam, nutzten sie mein seherisches Talent durchaus. „Kannst du mal sehen, Hanni, ob …?" Sie fragten mich oft, wie ihre geplanten Unternehmungen ausgehen würden, genauso wie meine Schulfreundinnen wissen wollten, ob sie eine Arbeit schafften. Aber das waren so unspektakuläre Situationen, dass ich annahm, sie seien etwas ganz Normales. So etwa bei einem der Schlittenausflüge meines Bruders, den ich gewarnt hatte: „Sei vorsichtig, Heinz!" Ich hatte irgendeine Gefahr vorausgesehen. Aber nein, Heinz hörte natürlich nicht auf mich und landete kopfgenau an einem Baum, mit einer riesigen Beule als Folge. „Konntest du mir das nicht genauer sagen?", plärrte er mich an.

Wahrscheinlich weil meine vier Brüder auf dem Schloss die passende Arbeit und reichlich Abwechslung fanden, nahmen sie mich oft mit dorthin. Mit den Schlosskindern verband mich bald eine ganz normale Freundschaft. Als Zehner-Rasselbande nahmen wir das Schloss und die umliegenden Höfe und Gebäude in unseren Besitz.

Auf dem Schloss wohnte auch Georg. Sein Vater war Kaplan, und seine Mutter arbeitete als Dienstmagd auf dem Schloss. Georgs Mutter schloss ihren Sohn oft in der Wohnung ein, wenn sie zur Arbeit ging. Ich habe das nie verstanden und lag meiner Mutter mit dem Vorschlag in den Ohren, dass Georg doch zu uns kommen könne, wenn seine Eltern nicht da waren. Georg sollte nicht allein bleiben. Ich sah, dass er in Gefahr schwebte.

Eines Tages war Georg wieder einmal eingesperrt, als das Unglück geschah: Lichterloh stand das Haus in Flammen. Georg hatte mit einer Kerze gespielt. Das Bett fing Feuer, schnell breiteten sich die Flammen aus. Niemand konnte Georg und das Haus retten. Er war das einzige Kind des Kaplans gewesen – und mein Freund.

„Hast wieder mal Recht gehabt, Hanni", meinte meine Mutter unter Tränen.

Nach diesem Unglück wollte ich nicht mehr „Sehen". Die Zuverlässigkeit meiner Voraussagen machte mir Angst. Georg hätte noch leben können, wenn unsere Mütter meine Vorahnung ernst genommen hätten. Ich sprach mit Großmutter darüber.

„Es ist so schwer, so etwas zu sehen", sagte ich zu ihr. „Ich bin doch noch so jung. Da nehmen mich die Erwachsenen einfach nicht ernst", klagte ich ihr mein Leid.

„Ich nehme dich ernst, Hannerl. Ich weiß, was auf dir lastet. Aber du wirst lernen, damit umzugehen. Wenn du daran zweifelst, kannst du jederzeit zu mir kommen", tröstete sie mich.

Es kam ohne Vorwarnung. Eines Nachts, es war die Zeit vor meiner Konfirmation, sah ich etwas Schreckliches. Nicht, *dass* ich etwas sah, machte mir Angst, sondern *was* ich sah:

Ich sah nämlich, dass sich unser Pfarrer, der uns konfirmieren sollte, in der Kirche aufgehängt hatte. Was sollte ich nun mit dieser Vor-Sehung tun? Konnte ich mit meinen Eltern darüber sprechen? Hätten sie mir geglaubt oder es als Spinnerei einer Pubertierenden abgetan?

In den Wochen vor der Konfirmation wurde ich immer stiller, war bedrückt und hatte Angst. Meine Freundin sah mich oft verwundert an. Eines Tages fragte sie mich. „Was hast du, Hanni?" Nun erzählte ich ihr von meiner Ahnung. Es war das erste Mal, dass ich darüber sprach. Es tat gut, und ich begann diesen Gedanken schon zu vergessen, als es eines Tages hieß, dass die Konfirmandenstunde ausfiele. Es war tatsächlich geschehen, dieses schreckliche Unglück! Der Pfarrer hatte sich in der Kirche aufgehängt!

Von nun an beschäftigte mich dieses Sehen sehr. Ich sprach viel mit Großmutter darüber. „Ich habe es dir doch vorausgesagt, Hannerl", sagte sie. Nun ging ich sozusagen in die Wahrsagerinnen-Schule bei Großmutter.

„Du kannst vieles von mir lernen, Hannerl. Ich kann dir beibringen, wie man Karten liest oder wie man das Pendel einsetzt. Ich kann dir auch erklären, was aus den Linien in der menschlichen Hand zu lesen ist. Aber eines musst du wissen: Das Hellsehen kann ich dir nicht beibringen. Das ist eine göttliche Gabe. Gott hat bestimmte Menschen mit dieser Fähigkeit ausgestattet. Das Hellsehen ist und bleibt eine göttliche Arbeit – und die kannst du nicht „lernen". Du musst nur immer darauf bedacht sein, dass du das Richtige siehst. Sage niemals die Unwahrheit, Hannerl, sonst verschwindet deine göttliche Gabe; denn Gott vertraut nur jenen, die ihre Aufgabe ernst nehmen. Nicht umsonst heißt es WAHRsagen; gib also acht, was du sagst!"

Großmutter hatte eine interessante kleine Bibliothek mit schon ein wenig abgeschabten Büchern über die Kunst des Kartenlegens und über die Astrologie im Regal stehen. Ich las darin und vergaß die Welt. Sie schenkte mir viele ihrer alten Schmöker. Leider konnte ich keines dieser für mich so wertvollen Bücher bei meiner späteren Flucht in den Westen mitnehmen. Was aus ihnen geworden ist, weiß ich nicht.

Eines Tages kündigte sich ein Hellseher in unserem Ort an. Er sollte in einem vornehmen Hotel in unserer Stadt absteigen. Ich hatte nichts anderes im Kopf, als diesen Mann zu sehen und kennenzulernen. Irgendwie brachte ich meinen Vater dazu, mit mir zu diesem Hellseher zu gehen.

Der Mann sah mich an. Er war über meinen Wunsch, ihn zu sehen, überhaupt nicht erstaunt. „Mädel, du wirst einmal eine sehr gute Hellseherin werden. Zeig mir mal deine Hände", sagte er zu mir, und griff, noch bevor ich sie bewegte, nach meinen Händen. Es war wunderbar. Eine große Wärme durchströmte mich. Alles, was der Mann mir in dieser Stunde sagte, ist später in meinem Leben eingetroffen: Er sagte mir voraus, dass ich sehr früh heiraten und fünf Kinder bekommen würde. Eine große Reise würde ich antreten und eine neue Heimat finden. Er sagte er mir aber auch voraus, dass ich meinen Mann verlieren würde.

Ein paar Wochen nach diesem Treffen mit dem Hellseher klagte meine Mutter wieder einmal über starke Kopfschmerzen. Aus Mitgefühl legte ich ihr die Hand auf die Stirn. Nach kurzer Zeit sagte sie: „Ach, Hanni, jetzt geht es mir wieder richtig gut." Da bemerkte ich, dass ich auch die Gabe hatte, durch Handauflegen zu heilen. Ich dachte an Großmutters Warnung: „Das ist eine göttliche Gnade, Hannerl. Du darfst es niemals damit übertreiben. Tue es nur, wenn du glaubst, dass es richtig ist! Mach ein bisschen langsam. Du musst nicht gleich alles können!"

Nun hatte sich mein Ruf als junge Hellseherin im Dorf aber herumgesprochen. Viele kamen auf mich zu. „Mädel, kannst du mir nicht sagen ... – Mädel, du musst mir helfen ..." Meine Eltern sahen und beobachteten es und ließen es zu. Aber auch sie rieten mir: „Mach' langsam damit ...!" Ich erlangte im Laufe der Zeit eine unbeschwerte Leichtigkeit. Nicht, dass ich das SEHEN leicht genommen hätte; aber Gott und meine Großmutter halfen mir, mit dieser Kraft umzugehen.

Auch meine Mitschüler nahmen meine seherische Fähigkeit nun ernst. Die Schule – wie anders war sie damals als heute. Unser Erdkunde- und Rechenlehrer war nicht sehr beliebt. Er war streng und zog oft den Rohrstock als Erziehungsmittel heran. In meiner Klasse war ein Junge, der Größte von uns allen. Auf den hatte es der Lehrer besonders abgesehen, weil der keine Angst vor dem Rohrstock zeigte. Wir konnten darauf warten, dass es zwischen dem Lehrer und dem Schüler irgendwann zu einer Kraftprobe kommen würde – so kam es auch. Als der Lehrer den aufmüpfigen Schüler wieder einmal aufforderte, die Hände vorzuzeigen, auf denen die Peitsche tanzen sollte, hob Hannes den kleingewachsenen Lehrer einfach in die Höhe und setzte ihn rücklings in das kreideverschmierte Waschbecken, das neben der Tafel angebracht war. Für uns war es ein Riesenvergnügen, für Hannes ging das Experiment allerdings nicht gut aus.

Ich wuchs schließlich zu einem jungen Mädchen mit eigenen Wünschen heran. Nach der Schule hätte ich gern studiert. Aber Mutter meinte, dass es für mich wichtiger sei, Kochen, Nähen und Putzen zu lernen und mich auf das Leben einer guten Hausfrau vorzubereiten – eben auf das, was Frauen damals normalerweise taten. Ich hatte keine Lust dazu, aber Mutter blieb unerbittlich. Aus Zorn entschied ich mich, stattdessen Geflügelzüchterin zu werden. Der Umgang mit den Tieren auf dem Schloss trug wohl seine Früchte; und so begann ich in Bad Klosterlausnitz eine Lehre, die ich tatsächlich als staatlich geprüfte Geflügelzüchterin abschloss.

Mit der Entschlossenheit meiner Mutter hatte ich aber nicht gerechnet. Sie hatte ihren eigenen Plan für meine Zukunft. Kurz entschlossen steckte sie mich nach meiner Lehre in den „Ratskeller" in Gera. Dort sollte ich das nachholen, was sie mir schon vor Jahren geraten hatte: Kochen lernen von der Pike auf und Wirtschaften erlernen, damit ich später einmal einer großen Familie vorstehen konnte.

So schlecht war es gar nicht im „Ratskeller". Ich lebte mich ziemlich schnell ein, und die Arbeit machte mir Spaß. Besondere Freude aber machte es mir, wenn die Musiker, die im „Ratskeller" ihre Konzerte gaben, während ihrer Pausen in die Küche kamen, um eine Mahlzeit einzunehmen. Vor Lachen habe ich manchmal das Arbeiten vergessen.

Einer der Musiker hatte es mir angetan. Offensichtlich gefiel auch ich siebzehnjähriges Küken dem lustigen Mann. Eines

Tages fragte mich Herbert, der Kapellmeister, ob er mich ins Kino einladen dürfe. Das war ein ganz besonderer Tag für mich, denn es war das erste Mal, dass mich ein Mann zu einem Treffen einlud. Ich fragte meinen Vater, was er davon hielt. Damals war es noch üblich, dass man sich die Erlaubnis von den Eltern einholte! „Den sehe ich mir erst mal genauer an!", entschied mein Vater. Tatsächlich tauchte er dann im „Ratskeller" auf und verwickelte den unternehmungslustigen Musiker in ein Gespräch. Das muss einigermaßen akzeptabel für Herbert ausgegangen sein, denn mein Vater erlaubte mir den Kinobesuch.

Nun trafen wir uns öfter, Herbert und ich. Das war für die damalige Zeit, es war im Jahre 1937, gar nicht so selbstverständlich. Schließlich war ich erst siebzehn Jahre alt! Ich erzählte Herbert von meiner Fähigkeit des Hellsehens. Für ihn war das überhaupt kein Thema. Er glaubte mir sofort, was ich ihm da erzählte. Seine Mutter allerdings, der er mich bald darauf vorstellte, meinte, das sei alles purer Humbug und großer Quatsch. „Wen hat sich der Herbert da bloß geangelt", mag sie gedacht haben.

Ich aber habe gesehen, dass Herbert mein Mann werden würde; und die ablehnende Haltung seiner Mutter hat mich da nicht im Geringsten beirrt.

Als Herbert mich fragte, ob ich seine Frau werden wolle, sagte ich frei heraus: „Ja, ich wusste, dass wir heiraten werden. Ich wusste, dass du mein Mann werden würdest. Allerdings wirst du zu unserer Hochzeit zu spät kommen."

Herbert nahm das als spaßige Vorahnung hin. Es lag ja auch in der Luft. Als Kapellmeister war er viel auf Reisen unterwegs, und da konnte schon mal ein Zug zu spät kommen.

Aber den Hochzeitstermin hatte man ja schließlich lang genug um die Konzert-Termine herum geplant.

Es war übrigens nicht unsere alleinige Entscheidung, so lange auf den Hochzeitstermin zu warten. In dem Jahr, in dem wenige Monate später der 2. Weltkrieg ausbrechen sollte, mussten Brautleute ihre arische Abstammung auf dem Standesamt vorlegen. Ganze sechs Monate mussten wir darauf warten.

Der große Krieg

Schon Anfang des Jahres 1939 sah ich einen Krieg heraufziehen, in den Deutschland verwickelt sein würde. In einem Traum sah ich Blut, viel vergossenes Blut; und ich sah Bäume, die aus Ruinen wuchsen. „Hitler wird noch in diesem Jahr einen Krieg beginnen", sagte ich zu meinem Verlobten. Natürlich war in der Presse und im Radio immer wieder von der Bedrohung Deutschlands durch die Feinde zu lesen und zu hören. Viele rechneten mit einem Krieg. Aber ich wusste, dass das kein einfacher Krieg werden würde. Ich sah eine Katastrophe auf uns zukommen.

Der 9. Januar 1939 war ein frostiger Wintertag mit heftigem Schneefall – unser lang geplanter Hochzeitstermin. Ich war pünktlich fix und fertig in meinem Brautstaat und wartete mit meinen Eltern auf das Auto, mit dem Herbert mich abholen wollte. Doch wer nicht kam, war Herbert, mein Bräutigam.

Mir fiel meine Vorsehung wieder ein: „Dein Mann wird zu eurer Hochzeit zu spät kommen …" Und exakt so war es. In der Nacht hatte es so heftig geschneit, dass das Auto, mit dem er mich abholen wollte, kaum von der Stelle kam.

Herbert kam tatsächlich zu spät. Die Trauungszeremonie in der Kirche musste um dreißig Minuten verschoben werden.

„Du hast es ja eh gewusst, Johanna. Hast dir also hoffentlich keine Sorgen gemacht", das war Herberts Kommentar. Er lachte, und ich konnte ihm nicht böse sein.

Nach der Hochzeit zogen wir in eine eigene Wohnung. Das war gut so, denn ich war schwanger. Die unerwartet lange Wartezeit auf den arischen Nachweis hatte unsere Familienplanung völlig durcheinander gebracht.

Vor etwa sieben Jahren hatte mir der Hellseher, den ich mit meinem Vater aufgesucht hatte, vorausgesagt, dass ich sehr früh heiraten und fünf Kinder zur Welt bringen würde. Woran ich mich jetzt nicht erinnern wollte, waren seine Worte, dass ich meinen Mann und zwei meiner Kinder verlieren würde.

Nun war ich also schwanger, gerade zwanzig Jahre alt. Ich war glücklich und schaute optimistisch in die Zukunft. Bisher hatte sich meine Hellseherei immer auf andere Personen oder Ereignisse gerichtet. Nun wollte ich wissen, ob ich mir selbst auch die Karten legen konnte. Ich wusste von Großmutter, dass so etwas nicht bei allen Hellsehern der Fall ist. Ich probierte es und legte mir selbst die Karten. Ich sah, dass mein erstes Kind ein Junge sein würde, dem ein Brüderchen folgen sollte. Nach diesen beiden Buben würde ich noch drei Mädchen gebären.

Es wurde eine schwere Geburt. Das Kind verlangte viel Kraft und Ausdauer von mir. Ärzte, Hebamme und Schwestern bemühten sich sehr um mich; und schließlich legten sie mir Rainer in die Arme, meinen ersten Sohn. Es war das pure Glück! Die Voraussage, dass ich ihn verlieren würde, strich

ich einfach aus meinem Kopf. Ich verdrängte es, wollte es nicht wahrhaben. Ich war zu glücklich.

Nun waren wir eine richtige Familie. Nach wie vor war mein Mann viel unterwegs. Er spielte mit seiner Kapelle die in dieser Zeit häufig stattfindenden Festkonzerte. Das war auch der Grund, weshalb er nicht in den Wehrdienst eingezogen wurde.

Das erste Kriegsjahr krempelte in Deutschland so ziemlich alles um, was bisher Bestand gehabt hatte. Menschen belauerten Menschen, ob sie die Hand zum Hitlergruß hochrissen oder die rechte Hand krampfhaft mit einem Sack oder einem Eimer beschwerten. So beobachtete man, wer dem Faschismus nahe stand und wer nichts davon wissen wollte.

Mein Vater war ein unerschrockener Mann. Hitler, den er von irgendwelchen früheren Jugendtreffen her kannte, war für ihn ein ausgemachter Lump. Vater hatte das größte Vergnügen, obwohl es ihm Ernst damit war, aus SS-Runen an Häusern und auf Plakaten kunstvolle Mistgabeln zu malen. Wo er nur konnte, verunglimpfte er das Treiben der Nazis.

Ich warnte meinen Vater immer wieder, solche Dinge zu lassen. Schließlich war er im Ort gut bekannt, und wer ihm nicht gut gesonnen war, hätte ihn denunzieren können. „Sei vorsichtig!", riet ich ihm, konnte aber doch einigermaßen ruhig zusehen, was er nicht unterlassen wollte; denn ich sah, dass er niemals von den Nazi-Schergen verhaftet werden würde.

Auch um mich wurde es ruhig. Ich hielt mich mit meinen hellseherischen Gaben äußerst behutsam im Hintergrund. Nur wem ich wirklich vertrauen konnte, gab ich einen Rat. Hellseherei war im Dritten Reich verpönt als Hexerei und

Scharlatanerie. Hellseher wurden von der Sicherheitspolizei beobachtet und ohne Prozess oder ärztliche Untersuchungen in Gefängnisse oder in Irrenanstalten eingesperrt. Meine Eltern waren beliebt in der Stadt, das war wohl auch ein Grund, weshalb ich nicht verraten wurde.

Zwei Jahre später war ich wieder schwanger. Würde es wieder ein Junge werden, wie der Hellseher und auch ich selbst vorausgesagt hatten? Die Schwangerschaft verlief normal, trotz der Kriegswirrnisse. Im Juli 1941 kam mein Sohn Bernd zur Welt. Rainer hatte also ein Brüderchen bekommen.

Ich dankte meiner Mutter, die darauf bestanden hatte, dass ich Kochen, Haushaltsführung, Nähen und Putzen gelernt hatte; denn nun musste ich die Wirtschaft für einen Mann und unsere beiden Söhne führen. Meine Eltern unterstützten mich dabei, wenn ich wieder einmal allein war, weil mein Mann irgendwo auf Konzertreisen unterwegs war. Auch meine Schwiegermutter hatte sich mit mir abgefunden. Auf die Hellseherei kamen wir nicht oft zu sprechen. Wahrscheinlich war es ihr peinlich oder sie hatte Angst, mit einer Hellseherin verwandt und somit eine Volksverräterin zu sein.

Der Krieg blieb nicht draußen vor den deutschen Grenzen. Die Bombenangriffe auf deutsche Städte kündigten an, dass Hitlers Kriegsglück nicht ganz so stabil war, wie es in den Rundfunksendern verkündet wurde.

Unsere Stadt Gera wurde stark bombardiert. „Unser Haus wird zerstört werden. Ich bleibe nicht hier wohnen!", kündigte ich meinen Eltern an. Sie halfen mir, kurzfristig eine andere Wohnung für mich und meine beiden Söhne zu finden. Mein Mann war wieder auf mehrtägiger Konzertreise unterwegs.

Drei Wochen nach meinem Auszug aus der Wohnung fielen auf eben jenes Haus, in dem wir vorher gewohnt hatten, zwei Bomben. Es wurde völlig zerstört. Hätte ich nicht die Gabe gehabt, unser Schicksal vorauszusehen, wären wir unter den Trümmern umgekommen. Dreimal bin ich mit meinen Kindern und meinem Mann innerhalb kurzer Zeit umgezogen. Dreimal sind wir auf diese Weise dem Bombentod entronnen.

Es war wieder einmal Fliegeralarm. Auch während der Bombenalarme musste ich oft alleine mit den Kindern in den verdunkelten Keller fliehen, weil mein Mann nicht da war. An diesem Tag aber entschied ich: „Wir gehen nicht in den Keller, sondern in einen Bunker. Heute wird es schlimm werden." Den Männern am Eingang des Bunkers riet ich dringlich: „Geht bei Vollalarm heute sofort in den Bunker, es wird schlimm werden!" Die Männer hielten sich an meine Warnung. Keine halbe Stunde später kamen sie bei mir im Stollen vorbei und dankten mir. Es war ein besonders schlimmer Angriff gewesen. Die schöne Stadt war fast zur Hälfte zerstört worden.

Dann war ich wieder schwanger! Was das Kind in meinem Bauch mitbekam, war die ständige Angst vor den Bomben, häufiges Sirenengeheul und meine entsetzliche Ruhelosigkeit. Ständig waren wir beim Einrichten einer neuen Wohnung, unterbrochen von den überstürzten Aufenthalten im Keller während der Bombenangriffe. Ich war von der Angst um meine Familie ziemlich erschüttert.

An einem der Tage, als die englischen oder amerikanischen Bomber über uns herzogen, sah ich meinen Mann im Hofe stehen. Ich riss das Fenster auf und schrie ihm zu: „Herbert, geh sofort ins Haus, gleich kommt eine Bombe!" Mein Mann, der sich daran gewöhnt hatte, meine Voraussagen sehr ernst zu nehmen, stürzte ins Haus. Wenige Minuten später schlug die Bombe in unserem Nachbargrundstück ein. Niemand aus dem Haus konnte sich retten. Die Trümmer begruben alle Bewohner unter sich. Mauerteile und Holzbalken vom Nebenhaus stürzten in unseren Hof. Ich hatte meinen Mann rechtzeitig gewarnt. Tief erschüttert sahen wir auf die Staubwolke, die über dem eingestürzten Haus stand. In diesem Augenblick setzten bei mir die ersten Wehen ein. Wir verbrachten den Abend wieder im Luftschutzkeller. In der Dunkelheit betete ich zur Madonna: „Lass mir mein ungeborenes Kind!" – und gleichzeitig suchte ich meinen vierjährigen Sohn Rainer im Keller. „Wo ist Rainer?", rief ich beunruhigt. Aber sein zweijähriger Bruder Bernd wies mit seiner Patschehand auf eine Frau gleich neben mir. „Sitzt bei Tante Meinhold unterm Rock", plapperte er. Nun, Rainer hatte sich einen warmen Unterschlupf gesucht.

Nach dem schrecklichen Tag im Bunker brachte ich mein drittes Kind, unsere erste Tochter, Regina, zur Welt. Dieses Kind zeigte mir nicht nur bei der Geburt, sondern ein ganzes Leben lang, dass neben Tod und Verderben neues Leben und Liebe entstehen kann.

Um uns gab es jedoch, neben der Freude um das Kind, viel Kummer. Wir sorgten uns um Hans, den Bruder meines Mannes, der 1944 an die Front in Kärnten abkommandiert worden war. Wir hörten nur wenig von ihm. Ständig wartete mein Mann auf Post von seinem Bruder. „Herbert, dein Bruder ist in Gefahr. Ich habe Angst um ihn", sagte ich eines Morgens zu meinem Mann. Ich hatte von Hans geträumt.

Ich wusste, dass mein Mann meinen Traum ernst nahm. Wenige Wochen später bekamen meine Schwiegereltern die Todesnachricht. Hans war in Österreich gefallen.

In dieser unmenschlichen Zeit der Bomben, des Sterbens und absoluter Unsicherheit, was morgen geschehen würde, empfand ich meine göttliche Gabe, in die Zukunft zu sehen, als existenzielle Lebensrettung. Ich wusste, dass ich meiner Fähigkeit vertrauen konnte. Man kann es nicht wirklich beschreiben, wie dieses Vertrauen in mir wirkte. ==Vertrauen ist das Schönste, was man im Leben bekommen und weitergeben kann.== Ich ruhte in meinem absoluten Vertrauen auf die Hilfe Gottes, der mich als sein Werkzeug ausersehen hatte, das Leben meiner Familie und das vieler, vieler anderer zu retten. Die Zweifel an mir und den Dingen, die ich sah, verflogen. Ich vertraute meiner Stimme. Ich vertraute Gott. Ich vertraute mir. Das unendliche Leid um mich herum, unsere Existenzängste, ob wir morgen noch leben würden, erweckte dieses unbeschreibliche Vertrauen in Gott und in meine hellseherische Fähigkeit.

Wo wir wohnten, floss ein kleiner Bach. An diesem Bach ließ die SS in den letzten Kriegsmonaten immer mit angeleinten Hunden die Kinder und Jugendlichen antreten, die zum Volkssturm eingezogen werden sollten. Ich beobachtete dieses Treiben: Jungen in Uniformen, blass und noch keinen Bart im Gesicht, standen sie mit angelegten Händen vor den Männern der SS, die sie anschrien und ihnen auf diese Weise Gehorsam für Hitler und Deutschland einhämmerten.

„Es wird nicht mehr lange gehen", sagte ich zu meinem Mann. Ich sah, dass das Ende des Krieges nahe war. Aber täglich trommelten die SS-Männer die letzten Kinder des Ortes zusammen. Eines Tages, Anfang Mai 1945, sah ich, wie die Soldaten wegrannten und die Kinder ohne Befehl und Drill am Bach stehen ließen.

Aber sie ließen nicht nur die Kinder zurück, sondern auch ihre sogenannten Marketenderwagen, Versorgungswagen mit lebensnotwendigen Lebensmitteln. Es dauerte nicht lange, bis wir erkannt hatten, dass diese Wagen unbeobachtet standen. Hungrig und geschickt erstürmten wir die Wagen, verstauten die Lebensmittel in großen Schürzen und Taschen und schleppten die Kostbarkeiten nach Hause.

Wenige Tage später war der Krieg aus. Wir hatten alle überlebt. Auch meine Eltern und meine Schwiegereltern hatten sich retten können.

In den letzten Kriegstagen entschlossen wir uns, mit den Kindern zur Schwester meiner Mutter zu ziehen. Die Kinder und einige wichtige Gepäckstücke in zwei Handwagen verstaut, machten wir uns auf den Weg. Es war grauenvoll. Überall rechts und links vom Feldweg lagen erschossene oder verendete Pferde neben toten Menschen. Es waren nicht nur Soldaten, die dort ihr Ende gefunden hatten. Ein widerlicher Gestank lag über allem. Die vielen Menschen – wir waren nicht allein unterwegs – bemühten sich, das Elend nicht zu sehen und über die Toten hinwegzuschauen.

Der Kapitulation folgte die Besetzung. Wir hängten weiße Betttücher in die Fenster. Zuerst kamen die Amerikaner. Sie durchsuchten unsere Häuser nach Waffen und nach versteckten Deutschen.

Eines Tages wollte ich mit meinen Kindern einen Besuch bei meinen Eltern machen. Aber Bernd, der inzwischen drei Jahre alt war, verpatzte mir den rechtzeitigen Abmarsch von zu Hause. Ich war leicht verärgert, weil wir uns verspäten würden. Aber es nutzte nichts, Bernd hatte die Hosen voll, und ich musste mit den Kindern zurück ins Haus. Da sagte plötzlich eine innere Stimme zu mir: „Lass die Kinder jetzt nicht auf die Straße!" „Kinder, erschreckt nicht", rief ich zu den Dreien. „Es wird gleich einen großen Knall geben. Bleibt im Haus!" Und kaum hatte ich das gesagt, brach tatsächlich ein ohrenbetäubender Knall über uns hinweg. Ein Krachen von Mauerwerk und Stahl folgte und dann das Schreien von Menschen. Die Amerikaner hatten den Gaskessel gesprengt, wobei viele, viele Menschen umgekommen sind. Bernds volle Hosen haben uns das Leben gerettet.

Wir liebten die Amerikaner nicht sonderlich, aber wir hatten noch keine Ahnung davon, was uns später beschert werden sollte. Die amerikanischen Soldaten lebten gut, wie wir feststellen konnten. Sie hatten viel zu essen. Statt aber uns oder unseren Kindern etwas davon abzugeben, warfen sie die Reste, die sie nicht aufessen wollten, ins Feuer. Den sagenhaften amerikanischen Schokoladen- und Kaugummiregen haben wir leider nicht erlebt.

Nach den Amerikanern kamen die Marokkaner, Soldaten der französischen Befreiungsarmee. Wie waren wir Gott dankbar, als diese Vandalen wieder abzogen! Ich hatte schon lange vorher vorausgesagt, dass Thüringen von den Russen besetzt werden würde; und nach dem Abzug der Marokkaner rückten tatsächlich die Russen ein, genau so, wie ich es vorausgesehen hatte. Die Russen waren weniger schlimm als die Marokkaner. Zumindest in unserer Familie haben wir nichts von dem kennengelernt, was man im Allgemeinen über die Russen sagte. Vielleicht haben wir nur Glück gehabt.

Nach dem Ende der Nazi-Herrschaft konnte ich wieder offiziell als Hellseherin arbeiten. Nun musste ich keine Angst mehr vor einer Denunziation haben. In den Jahren nach dem Krieg konnte ich vielen Menschen helfen, oft umsonst oder für ein paar Lebensmittel.

Eines Tages kam mein Friseur zu mir nach Hause. Er war sehr betrübt. „Frau Kapp, wir haben nur einen einzigen Sohn und befürchten, dass er noch in den letzten Kriegstagen gefallen ist." Er hatte ein Foto seines Sohnes mitgebracht. Ich betrachtete das Bild und beruhigte den Vater: „Nein, er lebt!" Um ganz sicher zu sein, nahm ich auch das Pendel – und es bestätigte meine Worte. Ich sah, dass der Sohn lebte, aber schwer verwundet war.

„Gehen Sie ruhig nach Hause", sagte ich zu dem Friseur, „in spätestens einem halben Jahr ist er wieder bei euch."

Genau fünf Monate später war der junge Mann daheim. Ich dachte schon gar nicht mehr an meine Voraussage. Auf einmal klingelte die Familie und brachte mir einen riesigen Blumenstrauß, und ich erkannte wieder einmal, dass ich tatsächlich „Sehen" konnte.

Das Frühjahr 1949 war nasskalt und rau. Ich war wieder schwanger. Die Vorhersage „meines" Hellsehers damals, als ich noch ein junges Mädchen war, schien wahr zu werden: Ich erwartete das vierte Kind und war sicher, dass auch noch das fünfte (vorausgesagte) Kind geboren würde.

Im April, als es gerade etwas wärmer zu werden begann, erkrankte mein Mann. Von Tag zu Tag ging es ihm schlechter. Unser alter Hausdoktor, dem wir vertrauten, zog mich nach wochenlanger Sorge um seinen Patienten eines Abends beiseite. „Hannerl, ich habe kein Penizillin oder keine andere geeignete Arznei mehr für deinen Mann. Ich glaube, ich kann nichts mehr für ihn tun."

Ich war verzweifelt und zog mich zurück in meinen Sessel. Die Kinder waren bei meinen Eltern. Ich hatte also Ruhe zum Gebet. „Lass mir meinen Mann", betete ich inbrünstig. Und da geschah der Moment meines größten Glücks. Ich war ganz in mein Gebet versunken, da sah ich in der Tür die „Mutter Gottes" stehen. Sie war hell gekleidet, ein blauer Schal hing über ihren Schultern. Aber sie trug keinen Schmuck, wie die Madonnenfiguren in der Kirche. Ich starrte sie an und wusste, dass ich in einem solchen Moment nicht reden durfte. Ich schwieg und betete leise. Die Madonna blieb bei mir. Sie sprach zu mir! Ganz deutlich sagte sie: „Hab keine Angst, Johanna, dein Mann wird leben!"

Als der Arzt am nächsten Morgen nach meinem Mann schaute, war das Fieber gesunken. Mein Mann schien sich tatsächlich zu erholen. Der Arzt wunderte sich über den relativ guten Gesundheitszustand von Herbert, den er einen Tag zuvor noch aufgegeben hatte. Ich erzählte ihm von der Marien-Erscheinung und ihren Worten. Mein Gebet war erhört worden: Mein Mann genas und überlebte seine schwere Lungenentzündung, die ihn monatelang ans Bett gefesselt hatte.

Einige Wochen später entband ich ein Mädchen. Aus Dankbarkeit vor der „Mutter Gottes", die uns schon mehrfach geholfen hatte, nannten wir das Kind Angelika.

Neubeginn und Flucht

Der Krieg war aus, die Russen hatten unsere Heimat besetzt, mein Mann war vom Krankenbett aufgestanden und unsere vier Kinder waren gesund. Wie ging es nun weiter? Nach dem Krieg fand mein Mann eine Beschäftigung in der Verwaltung der HO, das waren die ersten Nachkriegsläden in der Ostzone. Ich selbst fand eine Stelle in einem Fotogeschäft. Unter diesen Bedingungen normalisierte sich unser Leben allmählich wieder.

Unsere Eltern und Schwiegereltern lebten noch. Besonders zu meinem Schwiegervater hatte ich eine enge Beziehung aufgebaut. Er war ein lustiger und lebhafter Mann, der leidenschaftlich gern Witze erzählte und immer für einen Spaß zu haben war. Eines Tages gingen wir beide in die Stadt zum Einkaufen.

„Wollen wir ein Los kaufen, Johanna?", fragte er mich.

„Ich weiß nicht, ich habe kein Geld dafür. Aber wenn du das Los bezahlst, werden wir gewinnen", antwortete ich ihm. Ich wusste genau, dass wir gewinnen würden, aber nicht wie viel! Es war auch für mich eine Überraschung, als wir hörten, welche Summe wir gewonnen hatten. Ich konnte mir von meinem Anteil immerhin ein neues Schlafzimmer kaufen!

Nun hatten wir zwar ein neues Schlafzimmer, aber mein Entschluss stand fest, dass ich mit meinem Mann und den Kindern in den Westen gehen würde. Bei den Russen wollte ich nicht bleiben. Wochenlang beschäftigte ich mich damit, wie wir das anstellen sollten. Anfang der fünfziger Jahre flohen viele Ostdeutsche über die grüne Grenze in den Westen. Es gab ja noch keine Mauer in Berlin, und die Grenzen zwischen Thüringen und dem Harz waren zwar schwer bewacht, aber doch nicht unpassierbar. Ich arbeitete uns einen perfekten Fluchtplan aus, nachdem ich gesehen hatte, wann der richtige Zeitpunkt dafür war.

Für die jüngeren Leser, den sogenannten „Nach-der-Wende-Geborenen", möchte ich zum Verständnis der Situation im Jahre 1951 hier einige historische Informationen einfügen:

Nach dem Krieg wurde Deutschland in vier Besatzungszonen eingeteilt. Die fast 1400 km lange deutsch-deutsche Grenze teilte Deutschland in drei westliche und in die östliche, sowjetische Besatzungszone. Aus der von der Sowjetischen Militäradministration verwalteten Zone wurde später die DDR. Thüringen, meine Heimat, gehörte zum russischen Besatzungsgebiet. Die Zonengrenze zum Westen, wie wir sie bezeichneten, verlief quer durch Thüringen und den Harz. Gleich nach der Gründung der DDR, im Jahre 1949, versuchten viele Ostdeutsche über die „grüne Grenze" in den Westen zu kommen. Bis 1952 waren das noch weitestgehend natürliche Grenzverläufe, wie Bäche, Straßen oder Wege, die noch keine mit Minen und Wachttürmen bestückten Grenzwälle waren. Bis 1952 war die grüne Grenze noch keine absolute Todesgrenze. Mit versierten, extrem teuren Fluchthelfern, die die Gegend und die Gewohnheiten der Grenzsoldaten im

Detail kannten, und mit viel Glück und guter Planung konnte man hoffen, die Grenze unversehrt zu überwinden. Ein hohes Risiko war die Flucht aber in jedem Falle.

Die Anzahl der Menschen, die die DDR auf diesem Wege verließen oder es zumindest versuchten, stieg von Monat zu Monat. Der Weg über die grüne Grenze erschien für viele als einzige Hoffnung, die von den Russen besetzte Zone verlassen zu können. Die DDR-Regierung beobachtete diese steigende Zahl von Flüchtlingen sorgenvoll und riegelte ein Jahr nach unserer Flucht, also im Jahre 1952, die Demarkationslinie zur Bundesrepublik ab. Man schuf eine Todeszone mit Stacheldraht, Minen und Schießbefehl.

Alle Bewohner, die im Umkreis von fünf Kilometern östlich der Zonengrenze, in einer sogenannten Sperrzone, wohnten, mussten sich registrieren lassen. Wer auffiel oder als „unzuverlässiger DDR-Bürger" eingestuft wurde, vielleicht weil er „Westbesuch" beantragt hatte, wurde zwangsweise ins Hinterland umgesiedelt. So war das, als ich unsere Flucht plante.

Immer wieder habe ich zu Gott gebetet, dass er mir den richtigen Zeitpunkt und die richtige Vorgehensweise für unsere Flucht eingeben solle. Im Jahre 1951 hatte ich den Plan ausgearbeitet – zu unserem großen Glück, denn wenige Monate später wurden die Grenzensperren mit Minen, Stacheldraht und einem dichten Netz von Beobachtungstürmen errichtet! Wer sich der Grenze näherte, wurde von den Grenzern registriert, zur Umkehr aufgefordert, geschnappt oder erschossen. Das haben wir Gott sei Dank nicht mehr erleben müssen!

Mein Fluchtplan sah folgendermaßen aus:

Mein Mann sollte zuerst allein über die grüne Grenze gehen. Später wollte ich ihm mit den vier Kindern folgen. Da aber außer meinen Eltern auf keinen Fall jemand von unseren Fluchtabsichten ahnen oder erfahren sollte, selbst unsere besten Freunde und Verwandten nicht und nicht einmal meine Schwiegereltern, musste ich zu einer List greifen:

„Herbert muss ins Krankenhaus", informierte ich eines Tages meine Schwiegereltern. „Er muss sich seinen Leistenbruch operieren lassen. Er leidet ja schon ewig darunter, wie ihr wisst. Jetzt muss das endlich mal gemacht werden!" Meine Schwiegereltern waren zwar etwas erstaunt über meine Eile mit dieser sicher unabwendbaren, aber im Moment keineswegs akuten Operation, aber sie konnten natürlich nichts dagegen einwenden, ging es doch um die Gesundheit ihres Sohnes.

So packte ich den Koffer für den Krankenhausaufenthalt meines Mannes. Als er im Krankenhaus einrückte, trug er auch seinen alten Geigenkasten bei sich. Die Schwestern sahen uns erstaunt an, was wollte der Mann mit einem Geigenkasten im Krankenhaus? Ich lachte: „Hier ist alles so ernst und traurig. Mein Mann ist Vollblutmusiker. Er kann Sie mit seinem Geigenspiel sicher ein bisschen aufmuntern!"

Nur mit meinen Eltern hatte ich über unsere Fluchtpläne gesprochen. Sie waren traurig über unseren bevorstehenden Weggang, andererseits hätten sie den Schritt selbst auch getan, wenn Vater nicht allzu sehr an seiner heimatlichen Scholle gehangen hätte. Zusammen mit meinem Vater hatte ich die Organisation unserer Flucht bereits begonnen. Jeden einzelnen Schritt hatten wir geistig durchgespielt. Für die Flucht brauchte mein Mann natürlich Geld – und das hatte ich ihm im Geigenkasten versteckt. Das war also der erste Schritt.

Im zweiten Schritt war geplant, dass mein Mann noch am

nächsten Tag mit seinem Koffer und dem Geigenkasten unbeobachtet aus dem Krankenhaus fliehen sollte. Er sollte schnurstracks zum Hauptbahnhof Gera gehen und mit dem Zug nach Nordhausen in die Nähe der Grenze fahren, die Fahrkarten hatten wir schon vorher gekauft.

Die Flucht aus dem Krankenhaus und aus der DDR gelang. Nun war mein Mann also aus Gera verschwunden. Noch vor seinem Krankenhausaufenthalt hatte ich geträumt, dass mein Mann im Zug einen Herrn kennenlernte, der ihm eine Arbeit verschaffen würde. Da ich meinen Träumen und meinem Sehen vertraute, konnte ich meinen Mann also zwar mit traurigem Herzen, aber ohne Sorgen ziehen lassen. Ich hatte ihm aber noch eingebläut, dass er mir aus dem Westen einen bösen Brief schreiben sollte, dass er mich verlassen habe und so weiter und so fort ...

Mein Mann ging also allein über die grüne Grenze. Die Tage und Nächte, da ich nichts von ihm hörte, habe ich voller Unruhe verbracht. Ich habe viel gebetet, und meine Gebete wurden erhört. Endlich erhielt ich den ersten Brief von meinem Mann. Er schrieb mir, dass es ihm gut gehe. Alles war gut verlaufen. In dem Zug, in den er mit seinem Koffer und dem Geigenkasten gestiegen war und der ihn über die Grenze brachte, hatte er tatsächlich einen Fabrikanten kennengelernt, der ihm – genau wie ich es ihm vorausgesagt hatte – eine Stelle in seiner Glasfabrik anbot.

Dem Umschlag war ein zweiter Brief an mich beigelegt. Darin schrieb mein Mann, dass er mich verlassen habe. Er habe sich nach dem Westan abgesetzt, damit ich keine Forderungen an ihn stellen könne, die Familie sei ihm über den Kopf gewachsen, er habe nicht anders können ...

Ich saß also mit den vier Kindern in Gera und wollte noch einige Wochen die verlassene Frau dort spielen. Dann sollte der nächste Schritt in meinem Fluchtplan einsetzen. Es sollte sich zeigen, wie gut es war, diese List anzuwenden. Wahrscheinlich war mein Mann beobachtet worden, als er vom Krankenhaus mit Koffer und Geigenkasten zum Hauptbahnhof ging; denn wenige Tage später stand die Geheimpolizei bei uns in der Tür und fragte nach dem Aufenthalt meines Mannes.

„Ha, der Lump! Der hat sich aus dem Staub gemacht und mich und die Kinder hier allein zurückgelassen", jammerte ich. „Wo der ist? Das müssten Sie doch besser wissen als ich. Ich jedenfalls weiß es nicht. Der soll mal nach Hause kommen!", drohte ich noch ein bisschen mehr. „Als Musiker hat der viele Frauen kennengelernt, wahrscheinlich ist er mit einer durchgebrannt …"

Als die Geheimpolizei einige Tage später wieder bei mir klingelte, zeigte ich den Brief, den Herbert geschrieben hatte. „Wie ich's vermutet habe: Der Lump hat sich abgesetzt! Lesen Sie selbst!", klagte ich. So recht wollten die Männer mir nicht glauben, denn sie verhörten auch meinen Vater und fragten ihn, ob er wisse, wo mein Mann sei.

Nun war es aber auch für mich höchste Zeit zu verschwinden, denn Angehörige von „Republikflüchtlingen" wurden diskriminiert und diffamiert und oft mit ernsten Sanktionen belegt. Ich legte mir erneut die Karten, um zu sehen, an welchen Tagen die Flucht mit den Kindern gelingen würde. Meine Eltern waren wie immer eingeweiht. Der Abschied von ihnen tat mir weh.

Die Flucht und alles, was ihr vorausgegangen war, hat unser Leben verändert. Natürlich ist es leichter, wenn man selbst den Entschluss fasst, Heimat, Eltern und Freunde aufzugeben, wegzugehen aus dem Leben, das einem bisher Sicherheit geboten hat. Aber was sich wenige Jahre nach dem Ende des Krieges in meiner von den Russen besetzten thüringischen Heimat abzeichnete, machte mir Angst. Ich hatte vorausgesehen, dass das Leben hier nicht einfacher werden würde.

Einfach – was heißt das? Gibt es einfaches Leben? Arbeit, Not und Mühsal machten mir nicht zu schaffen. Das war ich gewohnt. Nein, ich sah eine andere Gefahr in der DDR heraufziehen – die Gefahr der Bevormundung, des geistigen Gefängnisses. Meine Fähigkeit als Hellseherin hätte mich in den Jahren der Weimarer Republik ins Gefängnis gebracht, wenn mich jemand verpfiffen hätte. Hellseherei galt als Hexenspuk und entsprach nicht dem Scharfsinn der arischen Rasse. Damals war es für mich gefährlich gewesen; doch was sich nach dem Kriegsende nun in Thüringen abzeichnete, schien mir nicht ungefährlicher zu sein. Den Russen traute ich nicht. Ich sah eine langfristige Gefahr für mich und meine Familie heraufziehen.

Weil diese Gefahr jedoch noch nicht real war, sondern nur in meinem hellseherischen Kopf spukte, war es so schwer, mit anderen Menschen darüber zu sprechen. Sollte ich andere beunruhigen mit meiner eigenen Angst? Nein, das durfte ich nicht. Ich konnte nur mit mir sehr vertrauten Leuten darüber sprechen, dass die Besetzung Ostdeutschlands durch die Russen das Leben der Menschen auf Jahre hinaus auf dramatische Art und Weise verändern würde.

Ich betete lange und intensiv zu Gott, er möge mir einen Rat geben. Konnte ich es auf mich nehmen, unsere Kinder durch eine heimliche Flucht über die grüne Grenze in Todesgefahr zu bringen? Ich konnte nichts wirklich planen, konnte keine Absprachen mit Menschen jenseits der Grenze treffen, uns nicht im Westen bei den Freunden ankündigen, konnte mir keine Arbeit und den Kindern keine geeigneten Schulen suchen. Ich vertraute Gott.

Gott gab mir den Rat, die Heimat zu verlassen und jenseits der Grenze, in dem freien Teil Deutschlands, für mich und meine Familie ein neues Zuhause aufzubauen. Ich habe die Konsequenz aus meiner hellseherischen Gabe gezogen. Wir haben uns mit unseren Kindern auf die Suche gemacht.

Der Verlust der Heimat, der Thüringer Berge, der großmütterlichen Scholle, wo sie mich auf mein Leben als Hellseherin vorbereitet hatte, fiel mir schwer. Aber ich war noch jung, voller Tatendrang und konnte mich nur nach vorn orientieren.

In dem wunderschönen Luftkurort Benneckenstein, im Harz, ganz in der Nähe der Grenze, aber noch auf ostdeutschem Gebiet, hatten wir gute Bekannte. Mein Fluchtweg sollte mich zunächst zu ihnen führen.

An dem von mir als richtig vorausgesehenen Tag, es war im März 1951, nahm ich meine Kinder und ging mit ihnen zum Südbahnhof in Gera. Um die Geheimpolizei von mir abzulenken, ging mein Vater zur gleichen Zeit zum Hauptbahnhof, denn wir befürchteten, dass meine Wege nach dem mysteriösen „Absetzen" meines Mannes von der Geheimpolizei beobachtet würden. Wir waren ja kein Einzelfall mit unserem Plan, in den Westen zu gehen. Viele Menschen setzten sich über die grüne Grenze ab oder blieben bei Verwandtenbesuchen im Westen. Die Geheimpolizei hatte viel zu tun, die Bürger ihres Landes zu beobachten und deren Flucht zu verhindern.

Nun stiegen also auch wir in den Zug nach Nordhausen ein. In der Bahnhofshalle in Nordhausen warteten wir auf den Anschlusszug nach Benneckenstein. Als ich mich umsah, entdeckte ich einen ehemaligen Kollegen meines Mannes aus der HO. Mir rutschte das Herz in die Hosen. Sollten wir hier noch in letzter Minute auffliegen?

„Hallo, Frau Kapp, was machen Sie denn in Nordhausen?", begrüßte mich der Kollege meines Mannes.

„Meine Kinder waren lange krank. Ich bringe sie jetzt zur Kur. Sie müssen sich erholen", erklärte ich. Schlagfertig musste man eben sein!

Endlich kam der Zug nach Benneckenstein. Wir stiegen mit Herzklopfen ein und schwiegen, bis wir den Zug in Benneckenstein wieder verlassen konnten.

Meine Freunde hatte ich natürlich eingeweiht. Der Mann hatte sich in geheimen Kreisen als sachkundiger Fluchthelfer bewährt. Gegen gute Bezahlung sollte er nun auch uns bei der Flucht helfen, denn ohne Ortskundigen wollte ich mit den vier Kindern nicht über die grüne Grenze gehen. Auch diesen Fluchttag habe ich mit den Karten und dem Pendel geprüft. Es durfte nichts schiefgehen! Ich sah voraus, dass mir die Flucht mit den Kindern gelingen, ich aber danach ernsthaft krank werden würde.

An dem festgelegten Tag trafen wir uns nicht allein mit dem Fluchthelfer. Einige junge Männer hatten sich dem erfahrenen Grenzgänger angeschlossen. Nun ging es aber um die Frage, über welche Grenze wir gehen sollten. Es gab eine Grenze, die von deutschen Grenzern bewacht wurde, und eine Grenze, an der die Russen standen.

Die jungen Männer wollten über die von den Deutschen bewachte Grenze zu gehen. Ich lehnte diesen Fluchtweg ab. Der schien mir zu unsicher. Ich bekniete unseren Fluchthelfer, mich und meine Kinder über die russisch bewachte Zonengrenze zu bringen. Die jungen Männer aber blieben bei ihrer Entscheidung. Wir trennten uns, und sie gingen allein über den anderen, meiner Meinung nach unsicheren und gefährlicheren Grenzverlauf. Der Fluchthelfer band mich mit meinen Kindern an einer Leine zusammen, damit wir uns nicht verlieren konnten. Er ging voran, und wir folgten ihm wie eine Gänseherde. Den Kindern bläuten wir ein, dass sie nicht weinen und nicht reden durften. Alles musste leise vonstatten gehen. Bei Gefahr sollte der Mann, der schon viele Flüchtlinge aus dem Osten über die grüne Grenze in den Westen gebracht hatte, an der Leine ziehen.

Wir hatten etwa die Hälfte der Strecke hinter uns, als wir Sirenengeheul hörten. In dem völlig lautlosen Wald klang es furchterregend. Deutlich drang das Geräusch schneller Autos zu uns herüber, durch die Bäume sahen wir das Blaulicht der Polizeiautos blitzen. Dann fuhren die Autos wieder weg. Die jungen Männer, die den anderen Fluchtweg gewählt hatten, waren geschnappt worden.

Die Angst saß uns im Nacken. Wir schlichen weiter durch den Wald – es war ja Frühling und die Bäume noch nicht belaubt – und kamen auf eine Bergkuppe zu. Unterhalb dieser Kuppe lag die deutsch-deutsche Grenze. Wir konnten nur ahnen, wo diese grüne Grenze verlaufen würde. Aber hinter dem Bach war unser Ziel – der Westen. Das wussten wir genau!

Plötzlich tauchten hinter den Bäumen, unweit von unserer Bergkuppe, drei russische Soldaten auf. „Jetzt haben sie uns auch erwischt", durchfuhr es mich. Ich blieb wie angewurzelt stehen, die Kinder an mich gepresst. Der Fluchthelfer versuchte mich zu beruhigen: „Ruhig, Johanna! Russen lieben Kinder. Du musst keine Angst haben. Sie werden uns nichts tun!"

Das Wissen, dass alles gut gehen würde, war das eine. Aber die Gefahr von bewaffneten russischen Grenzsoldaten ließ doch eine gehörige Portion Angst in mir aufkommen. „Heilige Mutter Gottes, lass uns lebend über die Grenze kommen", betete ich. Da sah ich plötzlich, wie einer der Russen uns winkte. Heftig gestikulierte er mit seinen Armen, und die Bewegungen waren eindeutig: „Macht, dass ihr runter vom Berg kommt. Lauft, lauft, wir haben nichts gesehen …"

Es war ein Wunder geschehen. Ich schnappte meine Kinder, der Fluchthelfer nahm die dreijährige Angelika auf die Schultern, und so liefen wir um unser Leben. Wie ein ungeordneter Hühnerhaufen stolperten wir am Strick des Fluchthelfers den Berg hinunter. Die Russen schauten wohl tatsächlich weg, denn es geschah nichts. Kein Ruf „Stop" oder „Stoi!", kein Gewehrschuss aus ihren Kalaschnikows durchdrang die Nacht. Wir stolperten und hechelten durchs Unterholz, ohne uns umzusehen. Mein Glücksgefühl darüber, dass meine Gebete erhört worden waren, stieg so jubelnd in mir auf, dass ich sogar den Mut besaß, im Eilschritt den russischen Soldaten einen schnellen Handgruß zuzuwinken. Nun war ich meiner Sache ganz sicher: Wir würden heil über die Grenze kommen.

Die letzten Meter stolperten wir durch die Wiese. Wir waren völlig erschöpft. Ich hatte keine Kraft mehr und konnte dem Bach, der als Grenzfluss diente, nicht mehr ausweichen.

Mit Schwung landete ich im frühlingshaft kalten Wasser. Aber wir waren im Westen!

Hier war die Arbeit unseres Fluchthelfers beendet. Es blieb ihm nur noch die Aufgabe, uns wohlbehalten in den Zug nach Uelzen zu setzen. Ich schlotterte vor Kälte, auch die Baumwolljacke, die er mir über meinen nassen Mantel geworfen hatte, konnte mein Zittern nicht mildern. Aber was kümmerte ich mich um mich: Schließlich saß ich, zwar durchnässt, aber gesund, mit meinen vier Kindern im Zug nach Uelzen, wo ich zunächst in ein Übergangslager für Flüchtlinge gehen wollte.

In Uelzen sollte ich endlich meinen Mann wiedersehen, nach mehreren Monaten, in denen wir kaum mehr als ein oder zwei Briefe geschrieben hatten.

„Jetzt kommt der Vati wieder zu uns", tröstete ich meine Kinder, die von der Flucht noch immer ziemlich erschöpft waren.

Mein Mann hatte sich in Uelzen inzwischen eine kleine Wohnung notdürftig eingerichtet, eigentlich war es nur ein kleines möbliertes Zimmer. Er hatte ja, wie ich es ihm vorausgesagt hatte, eine Arbeit in einer Fabrik gefunden – für einen Mann, der bislang nur Musik gemacht hatte, war das eine gewaltige Umstellung. Aber er verdiente etwas Geld zum Leben.

Um die offiziellen Aufnahmeregelungen für uns fünf ordnungsgemäß zu erledigen, ging ich mit unseren vier Kindern ins Lager. Schnell und zügig wollte ich die Flüchtlingsangelegenheiten regeln und dann für uns alle gemeinsam einen Ort suchen, an dem wir unser neues Leben in Freiheit beginnen konnten.

Aber es kam anders. Ich wurde krank. Der Sturz in den kalten Gebirgsbach und die entbehrungsreichen Wochen und Monate vor unserer Flucht hatten meine Kräfte wohl völlig erschöpft. Nun lag ich mit einer schweren Lungenentzündung im Bett. Die Schwestern legten Tag und Nacht Schwitzpackungen an, ein Arzt bemühte sich aufopferungsvoll um mich. Aber trotz dieser guten Pflege lag ich volle sechs Wochen im Krankenhaus. Hatte ich das nicht vorausgesehen?

Und wo waren die Kinder?

Zu ihrem Vater konnte ich sie nicht geben. Fünf Personen konnten in dem möblierten Zimmer nicht leben; und außerdem musste mein Mann tagsüber arbeiten.

Rainer, unser Ältester, war inzwischen zwölf Jahre alt, sein Bruder Bernd war drei Jahre jünger, und Regina hatte ihren siebten Geburtstag gerade hinter sich. Sie und die dreijährige Angelika brauchten Aufsicht und Fürsorge. Während meines langen Krankenlagers wurden sie von Erzieherinnen in dem Übergangslager so gut versorgt, dass ich mir keine Gedanken machen musste. Der Vater konnte sie im Lager regelmäßig besuchen, und ich konnte mich ganz und gar meiner schnellen Genesung widmen.

Nachdem die Ärzte mich wiederhergestellt hatten, musste ich mich bei den vier Besatzungsmächten melden. Das war im Lager so üblich. Man wurde nacheinander von allen vier Siegermächten, den Amerikanern, den Engländern, den Franzosen und den Russen, befragt. Die Russen waren besonders gründlich. Sie wollten wissen, wer mir bei unserer Flucht geholfen und wer davon gewusst habe. Ganze zwei Tage haben sie mich verhört. Mit meinen Kindern saß ich diese zwei Tage in dem völlig überheizten Amtszimmer.

Wir mussten es aushalten, denn ich sagte mir immer wieder nur das Eine – nie wieder zurück in den Osten! Aber ohne Anerkennungsausweis als Ostflüchtling hätte ich für mich und die Kinder keine Aufenthaltsgenehmigung für den Westen bekommen. Da meinem Mann der lebensnotwendige Flüchtlingsausweis verwehrt wurde – wir haben nie erfahren, weshalb –, war es umso dringlicher, dass ich den Befragungsprozeduren standhielt. Am Nachmittag des zweiten Verhörtages reichte mir der russische Offizier endlich den Ausweis über den Tisch. „Ich glaube nicht, dass Sie ihre Kinder je allein lassen würden. Deshalb stellen wir Ihnen den Flüchtlingsausweis aus."

Nun hatten wir es wirklich geschafft. Da wir verheiratet waren, galt der Flüchtlingsausweis natürlich auch für meinen Mann. Er durfte nun ganz offiziell in der Glasfabrik arbeiten und Geld verdienen.

Ein ganz normales Nomadenleben

Nachdem die Überprüfungsprozedur überstanden und ich mit meiner ganzen Familie nun offiziell Bundesbürgerin geworden war, mussten wir uns entscheiden, in welches Bundesland wir gehen wollten; denn dass wir unseren Aufenthalt im Übergangslager so schnell wie möglich aufgeben wollten, war uns klar.

Aber wohin?

Eigentlich kamen nur zwei Bundesländer in Frage – Bayern oder Baden-Württemberg. Der Andrang der Ost-Flüchtlinge nach Bayern war riesengroß. Das sagte man uns sofort. Ich zog mich also wieder einmal zurück in mein Gebet. Eigentlich müsste ich sagen: Ich bete jeden Tag. Abends dankte ich Gott für jeden Tag, den wir alle gemeinsam und weitestgehend gesund erlebten, und morgens betete ich zu Gott, er möge mir die richtigen Entscheidungen an die Hand geben, um für unsere Familie immer das Richtige zu tun. „Lieber Herrgott, ich vertraue dir. Du wirst wissen, welcher Weg der bessere sein wird."

Ich entschied mich für Baden-Württemberg und wusste, dass Gott uns bei dieser Wahl unterstützen würde. Ich wusste: Alles wird gut!

Wir gingen also nach Biberach an der Riss. Auch dort begann es mit einem Lageraufenthalt, denn wir hatten kein Geld, um uns selbst eine Wohnung zu suchen. Das Lager machte einen ziemlich schlechten Eindruck auf mich. Wir bekamen für unsere große Familie ein einziges, allerdings ziemlich großes Zimmer. Im Raum roch es schlecht. Die Strohsäcke, die uns als Betten dienen sollten, stanken erbärmlich und waren mit feuchten Flecken übersät. Durch die dreckigen Fenster konnte man kaum die Mai-Sonne sehen.

„Um Himmels Willen, wann wurde hier denn das letzte Mal geputzt?", fragte ich den Lagerleiter bestürzt, der uns den Schlüssel überreichte.

„Keine Ahnung. Wenn wir alle Räume immer in Schuss halten müssten, hätten wir keine Zeit, uns um die wirklich wichtigen Angelegenheiten unserer Flüchtlinge zu kümmern", war seine lakonische Antwort.

„Haben Sie frisches Stroh? Und einen Eimer? Ich brauche Waschpulver, eine große Waschschüssel und einen Besen", wandte ich mich erneut an den Lagerleiter. Mir grauste es davor, mit meinen Kindern in dieses Loch einzuziehen.

Der Mann war wohl von meiner Energie überrascht oder zumindest sehr überzeugt, denn er versprach mir, sich umgehend darum zu kümmern. Noch in der gleichen Stunde konnte ich mir die Reinigungsutensilien abholen. Nun gingen wir an die Arbeit.

Die beiden Jungen schickte ich mit den stinkenden Strohsäcken hinaus auf die Wiese. Den Buben machte es Spaß, was ich ihnen versprach: „Wir machen auf dem Acker ein Feuer, und darin verbrennen wir das Stroh. Aber verbrennt die Leinensäcke nicht! Die bringt ihr mir wieder hierher."

Ich ging derweilen in unserem Zimmer ans Werk. Die Fenster wurden geöffnet und vom jahrlangen Dreck befreit. Decke und Wände bearbeitete ich mit dem Besen und schließlich unterzog ich den Fußboden mit heißer Waschlauge einer gründlichen Reinigungsprozedur. Nun war der Raum wenigstens sauber. Die Mai-Sonne verzauberte ihn und hauchte einen Schwall warmer Frühlingsluft herein.

Die Jungs gingen ebenfalls mit Eifer an ihr Werk. Während der eine das Feuer bewachte, brachte mir der andere die leeren Säcke zurück. Die stauchte ich in den Waschzuber, schrubbte und walkte sie ordentlich durch und hängte sie schließlich draußen auf der Leine auf. Für die erste Nacht ließ ich uns vom Lagerverwalter einen Stapel Decken geben, die uns als Schlaflager dienten. Außerdem wies er an, dass wir am nächsten Tag einige Ballen frisches Heu bekommen sollten.

Am Nachmittag des nächsten Tages waren die Säcke trocken. Auch das Heu kam zur rechten Zeit. Die Kinder walkten das Stroh in ihren Händen, um es etwas geschmeidiger zu machen, dann stopften sie es in die frisch gewaschenen Leinensäcke, ich nähte die unteren Enden der Säcke zu, und zum Schluss ging es nur noch darum, das Heu in den Säcken gut zu verteilen. Unsere Betten waren fertig!

Für die Fenster fand ich weiße Stoffreste, aus denen ich kleine Gardinen nähte. Mit ein paar Wiesenblumen geschmückt, schaute unser Raum nun tatsächlich wie eine kleine Wohnung aus. Das alte Mobiliar, bestehend aus einem Tisch, fünf Stühlen und zwei Schränken, passte sich, ebenfalls gereinigt und poliert, nun bestens in den lichten weißen Raum ein. Ich sah mich um und war zufrieden.

„So, Herr X.", sprach ich den Lagerleiter an, als er bei uns vorbeischaute, um sich unseren Raum anzusehen, „schauen sie sich um. Erkennen Sie den Stall wieder?" Ich konnte mir ein wenig Stolz in der Stimme nicht verkneifen.

„Das sieht ja jetzt wie eine Puppenstube aus. Es ist ja fast wie bei Schneewittchen mit den sieben Zwergen. Es sind zwar nur vier, aber was Sie gezaubert haben, Frau Kapp, das überrascht mich wirklich!" Er setzte sich an den Tisch, auf dem ein bunter Wiesenstrauß stand. „Ich glaube, Sie bleiben nicht lange hier. Bei Ihrer Energie halten Sie das Lagerleben nicht lange aus. Vielleicht gibt es bald eine Chance, dass Sie hier rauskommen."

Ich ahnte gar nicht, wie Recht er hatte. Aber auch ich blieb nicht untätig. In meinen täglichen Fürsprachen mit Gott erbat ich mir die richtige Idee, wie wir alle zusammen, natürlich auch mit meinem Mann, eine eigene Wohnung außerhalb eines Lagers bekommen könnten. Die Überlegungen des Lagerleiters und meine Gebete brachten uns bald die Chance, die wir alle erhofft hatten.

Eines Tages erzählte mir der Lagerleiter, zu dem ich eine sehr gute Beziehung aufgebaut hatte, dass Minister F. in Kürze das Lager besuchen wollte; und er fragte mich, ob ich einverstanden sei, wenn er dem Minister unsere Bleibe präsentieren dürfe. Wir waren sozusagen eine Vorzeige-Flüchtlingsfamilie.

„Natürlich, das würde mich sehr freuen", bestätigte ich ihm gern. Und schon glaubte ich, eine Lösung zu sehen.

Der Minister kam wenige Tage später in Begleitung des Lagerleiters zu uns. Der zeigte mit Stolz die schmucke Behausung innerhalb seines Lagers. „Frau Kapp hat ein Wunder vollbracht", meinte er zum Minister.

„Wenn das alle Menschen so machen würden wie diese Frau,

dann könnten wir auch alle etwas besser leben", bestätigte der Minister und blieb angerührt einige Minuten im Raum stehen. Ich sah den Mann an und ließ leise ein Stoßgebet zum Himmel gehen: „Herr, so schön, wie es hier jetzt auch ist, aber gib mir eine Idee, wie wir bald hier rauskommen können!"

Noch standen die beiden Männer in unserer Bude, da ging auch dieses Gebet in Erfüllung. Ich sah, wie der Lagerleiter sich zum Minister wandte und zu ihm sagte: „Herr Minister, Frau Kapp hat hier innerhalb weniger Tage nicht nur ein Wunder vollbracht, sie kann auch Hellsehen. Und dass sie tatsächlich die Wahrheit sieht, hat sie mir schon mehrfach bestätigt. Sie müssen wissen: Wir haben eine echte Hellseherin hier im Lager!"

Es hatte sich im Lager also herumgesprochen, dass ich Kartenlegen konnte. So etwas blieb nie lange verborgen, weil ich immer gern auf die Menschen zugegangen bin, um ihnen zu helfen, wenn ich sah, dass sie irgendwelche Probleme hatten, sich nicht wohl fühlten oder gar in Gefahr waren. Hier im Lager lebten viele solche bedürftige Menschen, denn alle, die hier eintrafen, hatten ein Schicksal hinter sich, und was die Zukunft für die Flüchtlinge brachte, war auch nicht gewiss. So hatte es sich schnell herumgesprochen, dass ich die Gabe hatte, in die Zukunft zu sehen. Viele wollten wissen, was vor ihnen lag. Ich habe sie immer überrascht, wenn ich ihnen auch sagen konnte, was in ihrer Kindheit beziehungsweise in ihrer Vergangenheit geschehen war.

Der Minister schien im ersten Moment ein wenig verdutzt. Mit einer solchen Konfrontation hatte er nicht gerechnet. „Würden Sie auch mir die Karten legen oder in die Zukunft sehen, Frau Kapp?"

Vielleicht war das nur eine höfliche Frage, weil er nicht wusste, wie er auf das reagieren sollte, was der Lagerleiter über mich erzählt hatte. Aber ich ergriff diesen Strohhalm, zumal ich längst gesehen hatte, dass der Mann unter familiären Problemen litt.

„Natürlich kann ich das. Aber meine Kinder haben Hunger, Herr Minister. Unter den Umständen, unter denen wir seit unserer Flucht leben, könnte ich es nur gegen eine kleine Bezahlung tun."

„Selbstverständlich, das würde ich anders auch gar nicht annehmen."

„Gut, dann vereinbaren wir gleich einen Termin. Wann möchten Sie?", fragte ich.

Wenige Tage später saß mir der Minister in unserem schmucken Stübchen gegenüber. Die Kinder hatte ich zum Spielen geschickt. Wir waren allein. Vor dem Kartenlegen bat ich ihn, nichts von sich oder von seiner Familie zu erzählen; und dann legte ich die Karten vor ihm aus und sah in sein Leben. Der Mann war erstaunt, was ich alles wusste. Unter anderem sah ich, dass er sieben Kinder hatte und seine Frau mit dem achten Kind schwanger war.

„Woher wissen Sie das, Frau Kapp?"

„Ich weiß das nicht, ich sehe es, auch dass ..." (Hier muss ich schweigen, weil ich allen Menschen gegenüber diskret bin mit dem, was ich sehe und sage.)

„Herr Minister, auch ich habe Kinder. Die haben Sie kürzlich bei Ihrem ersten Besuch ja gesehen. Können Sie dann verstehen, dass ich baldmöglichst mit ihnen und meinem Mann wieder in einem eigenen Heim zusammenleben möchte?", fragte ich rundheraus. „Können Sie nicht etwas für uns tun?"

„Ja, sicherlich gibt es da etwas, was ich Ihnen anbieten könnte. Würden Sie denn auch auf dem Land leben wollen?"

Nichts lieber als das, dachte ich. Jetzt brach die Erinnerung an meine wunderschöne Kindheit auf dem Dorf wieder aus mir heraus. „Das würde uns nichts ausmachen", antwortete ich also schnell.

„Sind Sie katholisch?"

„Nein, mein Mann ist evangelisch. Aber was macht das aus?"

„In dem Dorf, in dem ich Ihnen eine Wohnung anbieten könnte, leben fast ausschließlich Katholiken. Wenn Ihnen das selbst nichts ausmacht?"

„Nein, nein, das packen wir schon", ich konnte keinen Zweifel zulassen. Nur raus hier und endlich eine eigene Bleibe finden.

Wenige Tage später bekamen wir die Zusage für diese Wohnung. Es handelte sich um ein kleines Austragshäusl in dem 500-Seelen-Dorf Eggmannsried. Der Umzug konnte kurzfristig über die Bühne gehen.

Seitdem wir im Lager Biberach/Riss lebten, hatte ich begonnen, mir eine Arbeit zu suchen. Da ich bereits anerkannter Flüchtling war, durfte ich auch außerhalb des Lagers ganz offiziell Geld verdienen; und so fand ich in einem großen Biberacher Hotel bald eine Anstellung als Wäscherin und Büglerin. Die Hotelleitung war mit meiner Arbeit zufrieden und ich mit dem Lohn, den ich dafür bekam. Da ich sehr sparsam bin, war also für unseren baldigen Umzug in unser Austragshäusl auch das notwendige Geld da.

Zunächst machten wir uns mit den Vermietern des Häuschens bekannt. Das waren einheimische Bauern, die uns ziemlich skeptisch betrachteten. Wer beziehungsweise was konnten das für Menschen sein, die aus einem Lager hierher aufs Dorf zogen? Und Ostflüchtlinge? Konnten die arbeiten oder zielten die bloß auf die Unterstützung durch den Staat ab? Waren das Schmarotzer, die sich durch irgendeine Vergünstigung das Wohnrecht in dem Dorf erwirkt hatten? Wir fühlten uns ziemlich beobachtet.

Aber schon bei unserem ersten Gespräch müssen wir wohl die Bauern davon überzeugt haben, dass ihre Befürchtungen unangebracht waren. Sie schenkten uns die Möbel, die in dem Häuschen standen – drei Eisenbetten und einen alten Schrank. Das empfand ich als eine so großzügige Geste, dass ich die Leute sofort ins Herz schloss. Auch das Haus gefiel mir. Also ging ich energisch daran, den Umzug zu organisieren. Viele Möbel hatten wir ja ohnehin nicht, und auch die Anzahl der Koffer und Kisten mit unseren Sachen hielt sich in Grenzen. Der Umzug war schnell geschehen.

Den Bauern konnte ich bald davon überzeugen, dass wir durchaus keine Menschen waren, die sich auf die faule Haut legen wollten. Unsere beiden Buben durften sich auf dem Hofe nützlich machen. Bernd erklärte sich bereit, die Kühe zu hüten, und Rainer ging mit in die Wiesen, um Torf zu stechen und zu stapeln. Die Mädchen waren für solche Arbeiten noch zu klein.

Auch die Bäuerin hatte ich bald auf meiner Seite. Ich sah, dass diese Frau krank war. Irgendetwas an ihrem Hals war nicht in Ordnung. Konnte ich ihr das aber sagen? Nein, ich riet ihr nur, doch dringend einmal zum Arzt zu gehen.

„Ja, das mache ich später mal", sagte die Bäuerin zu mir und hatte es wahrscheinlich schon im nächsten Moment vergessen.

„Na, warten Sie nicht zu lange", riet ich ihr. Ich sah, dass die Frau in Lebensgefahr war.

Auch die Bäuerin war überrascht von meiner Wahrsagerei. Oft fragte sie mich um Rat, wenn es um den Hof oder um die Zukunft ihrer Familie ging. Das sprach sich auch im Dorf herum. Obwohl die Bewohner tatsächlich fast ausschließlich katholisch waren, fanden sie den Weg zu mir, um sich von mir die Zukunft vorhersagen zu lassen. Weil ich Gott und meiner Großmutter versprochen habe, immer nur die Wahrheit zu sagen, bestätigte die Realität, dass ich wirklich hellsehen kann; denn fast alles, was ich ihnen voraussagte, ist eingetroffen.

Das brachte mir große Anerkennung und eine Menge von Anfragen ein. Ich bekam reichlich Aufträge, vom Bügeln bis zum Wäscheausbessern. Nun hatten wir Boden unter den Füßen, zumal auch mein Mann endlich in einer Milchfabrik in unserer Wohngegend eine Arbeit fand. So waren wir alle glücklich über unser nun endlich normales Leben.

Das große Glück für meinen Mann folgte gleich hinterher. Wie ich schon geschrieben habe, war mein Mann ein virtuoser Geiger. Jahrelang hatte er seine Kunst nicht mehr ausüben können, weil er in Fabriken Geld verdienen musste. Die Fabrikarbeit war für ihn ungewohnt, er war eben ein echter Künstler. Wie sehnte er die Zeiten aus den vierziger Jahren herbei, als er noch als Kapellmeister in eleganten Salons Konzerte gegeben hatte. Das war sein Leben! Doch das war nun vorbei.

Aber zu Hause und bei kleinen Feiern hielt er oft seine Geige ans Kinn und spielte zu seinem und der Gäste Vergnügen. Auch das sprach sich herum im Dorf, wie alles seinen

Lauf nimmt, was neu ist. Bald sprach ihn der Pfarrer an, ob er nicht den Gottesdienst mit seiner Geige begleiten wolle. Man stelle sich vor: Ein evangelischer Geiger in einer katholischen Dorfkirche! Das war damals durchaus noch eine Seltenheit. Nicht nur der Pfarrer und die Kirchgänger waren von Herberts Geigenspiel begeistert. Eines Tages fragte der Lehrer, ob Herbert nicht auch einmal auf dem Gottesberg spielen wolle.

Herbert ließ sich nicht zweimal fragen. Wie ein Gott spielte er an diesem Tag. Die Zuschauer waren still vor Ehrfurcht, und dann tobte der Beifall. Herbert hatte sich in die katholischen Herzen der Dorfbewohner gespielt.

Nun waren wir im Dorf integriert. Unser Leben normalisierte sich. Die Bauern erlaubten unseren Kinder, in ihren Wäldern Holz aufzulesen, im Herbst zogen wir aus, um Pilze, Beeren und Fallobst einzusammeln. Das alles trug dazu bei, unser Leben reich und schön zu machen. Ich dankte Gott immer und immer wieder für dieses Glück.

Aber eines Tages stieg Rauch aus unserer Esse, mehr Rauch, als das kleine Kaminfeuer entfachte. Ich stieg auf den Boden, um nachzusehen, was die Ursache für den Rauch war. Dabei stürzte ich von der Leiter und verletzte mich ziemlich unglücklich. Ich musste ins Krankenhaus gebracht werden. (Der Bauer war so nett, nach dem Rauch zu sehen.)

Im Krankenhaus lag ich mit einer älteren Dame im Zimmer. Es war eine stille, feine Frau. Ich beobachtete sie heimlich. Dabei betete ich: „Lieber Gott, gib mir die Worte, dass ich mit dieser Frau in ein Gespräch kommen kann!" Irgendetwas verband mich mit dieser Frau.

Wir kamen ins Gespräch, und ich erfuhr, dass die Frau

einen Neffen hatte, der Leiter einer Psychiatrischen Klinik in Bad Schussenried war. Dieser Neffe suchte für die Therapiestunden seiner Patienten einen Geiger! Ausgerechnet einen Geiger! War das nur ein glücklicher Zufall? Nein, Gott hatte es so gefügt.

Ich fragte die ältere Dame natürlich sofort, ob sich mein Mann bei ihrem Neffen bewerben könne. Herbert bekam einen Vorstellungstermin, und in diesem Gespräch erfuhr er, dass der Klinikleiter eigentlich einen Krankenpfleger mit Geigenkenntnissen suchte. Krankenpfleger war mein Mann ja beileibe nicht! Aber der Chef war so von meinem Mann angetan, dass er ihm die Möglichkeit gab, eine Ausbildung als Krankenpfleger in seiner Klinik zu machen. Obwohl auch das eine schwere körperliche Arbeit war, sagte mein Mann sofort zu; denn die Arbeit in der Milchfabrik war noch schwerer. Die Aussicht, wieder öfter seine geliebte Geige spielen zu können, versüßte die Lehrzeit als Krankenpfleger erheblich.

Hatte mein Sturz von der Leiter also doch einen Sinn gehabt? Hatte Gott mir einen Weg gewiesen, den ich selbst nicht gesehen hatte?

Nun arbeitete mein Mann also in Bad Schussenried. Wir wohnten aber in Eggmannsried. Eine Weile würde er die Fahrzeit morgens und abends wohl aushalten, aber für seine Familie würde Herbert nun noch weniger Zeit haben. Also stand wieder einmal ein Umzug vor uns. Nun suchten wir in der Stadt, in der Herbert endlich eine gute Arbeit gefunden hatte, eine Wohnung. Wir wollten so viel wie möglich zusammen sein. Wieder stand eine große Geldausgabe vor uns.

Aber auch hier zeigte sich, dass meine Sparsamkeit von Vorteil war. Mit der Anerkennung als politische Flüchtlinge hatten wir eine staatliche Starthilfe von 5.000,-- Mark bekommen, die ich auf ein Konto gelegt und noch nicht angezapft hatte. Das sollte nun der Beitrag für unseren erneuten Umzug in eine wunderschöne Wohnung in Bad Schussenried sein.

Wir zogen also aus unserem hübschen Austragshäuschen aus und sagten dem kleinen Dörfchen Eggmannsried „Lebe wohl". Hier hatten wir es gut gehabt, doch nun sollte eine weitere Änderung unser Leben bestimmen.

Beim Abschied fragte ich die Bäuerin noch einmal, ob sie inzwischen beim Arzt gewesen sei. „Nein, ich hatte noch keine Zeit", schob sie meine Warnung weg.

Da zog ich mir ihren Sohn beiseite: „Bringen Sie Ihre Mutter zum Arzt!", riet ich ihm. „Es ist dringend!"

„Ja, das werde ich tun", versprach der Sohn. Ich hörte dann einige Wochen nichts mehr von dieser Familie, bis eines Tages eine Todesanzeige in unseren Briefkasten flatterte. Die Bäuerin war gestorben.

Nachdem ich den Umzug nach Bad Schussenried bewältigt hatte, ging ich auch hier wieder auf Arbeitsuche. Schließlich fand ich eine Stelle als Bürokraft in einer Hemdenfabrik. Auch unsere zwei Töchter konnten dort eine Anstellung als Näherin bekommen.

Durch Herberts Tätigkeit in der Klinik ergaben sich nun auch für mich ganz viele Möglichkeiten für meine hellseherische Arbeit. Die Anstellung meines Mannes brachte also zugleich eine zusätzliche Betätigung und ein zusätzliches Einkommen. Mit Hilfe meiner Karten und meiner geistigen Fähigkeit konnte ich vielen Kranken helfen. Ich hatte viel zu tun in der Psychiatrischen Klinik; denn immer häufiger fragten Schwestern, Ärzte, sonstiges Personal oder die Angehörigen von Kranken bei mir an, ob ich sie beraten könnte. Hier, in dieser Klinik-Atmosphäre, habe ich erkannt, was es wirklich heißt, Menschen zu helfen. Ich habe sie nicht des Geldes wegen beraten, wenngleich es mir zur damaligen Zeit auch wichtig war, denn wir waren noch immer im Aufbau unserer neuen Existenz begriffen. Nein, ich spürte den Auftrag, den Gott mir täglich mit auf den Weg gab: Du bist mein Werkzeug, du musst den Menschen helfen, ihre Probleme zu bewältigen und nach Lösungen zu suchen. Meine Arbeit in der Klinik gestaltete sich immer mehr zu einer echten Lebensberatung.

Das sprach sich auch in Schussenried herum. Nach meiner Arbeit in der Hemdenfabrik saßen immer häufiger Menschen abends in unserer Wohnung, die meinen Rat suchten. Häufig holten sie mich auch zu ihnen nach Hause, auf irgendwelche Baugrundstücke, in Hotels und zu sonstigen Kaufobjekten oder auch zu ganz ungewöhnlichen Plätzen, eben dorthin, wo sie meinen Rat brauchten.

Die Arbeit in der Verwaltung der Hemdenfabrik machte mir große Freude. Ich bin immer daran interessiert gewesen, etwas Neues zu lernen. Die Kontaktfreudigkeit und Aufgeschlossenheit, mit der ich ans Werk ging, half mir schnell, mich in die kollegiale Gemeinschaft der Bürofrauen einzuleben. Besonders eine junge Frau suchte Kontakt zu mir. Da wir beide Kinder hatten, ergaben sich ausreichende Themen für unsere Plaudereien.

Die Frau hatte viele Jahre einen Kinderwunsch gehegt; doch es wollte und wollte nicht klappen. Als sie überzeugt war, dass sie keine Kinder bekommen würde, entschloss sich das Ehepaar, ein Kind zu adoptieren und das Mädchen wie ihre leibliche Tochter aufzuziehen.

„Aber ich sehe zwei Kinder in Ihren Karten", sagte ich zu der Frau.

„Ja", lachte sie, „kurz nachdem wir das Mädchen adoptiert haben, wurde ich tatsächlich schwanger. Es wurde auch ein Mädchen. Wir haben also zwei Töchter."

„Aber wo ist Ihre Adoptivtochter? Sie lebt nicht mehr bei Ihnen zu Hause!"

„Ja. Als unsere älteste Tochter herangewachsen war, entschied sie sich, ihr Leben in Deutschland aufzugeben und in den Libanon zu gehen. Wir haben ewig nichts mehr von ihr gehört. Sie ist spurlos verschwunden. Können Sie uns helfen, unsere Tochter wiederzufinden?"

Ich schwieg. Sollte ich der Mutter sagen, dass ihre Tochter nicht mehr lebte? Ich sah, dass das junge Mädchen tot war. Sie war im Ausland ums Leben gekommen.

Ich hatte mir geschworen, immer nur das Richtige zu sagen. Aber ist die Wahrheit auch immer verkraftbar? In diesem Falle verschwieg ich der Frau die Wahrheit, denn ich sah, dass sie die Familie in eine noch tiefere Krise gestürzt hätte. Tatsächlich gab es nie wieder ein Lebenszeichen von dem jungen Mädchen.

Die andere Tochter der Kollegin wohnte damals noch bei ihren Eltern. Wie viele junge Mädchen, wollte auch sie von mir wissen, wie ihre Zukunft wohl aussehen mochte. Ich legte ihr also die Karten und sagte ihr voraus, dass sie – und zwar schon recht bald – gut heiraten und zwei Kinder bekommen würde. Aber ich riet ihr dringend, dass sie nach ihrer Eheschließung niemals mehr in ein Flugzeug steigen sollte.

Die junge Frau war, wie so viele, über meine Aussage verwundert. Vor allem verstand sie, die damals noch unverheiratet war, nicht, weshalb sie nach einer Eheschließung niemals in ein Flugzeug steigen sollte. Was hatte das Fliegen mit dem Verheiratetsein zu tun?

Das Mädchen lernte, wie ich es ihr vorausgesagt hatte, einen jungen Mann kennen, den Sohn betuchter Hotelbesitzer. Sie verliebten sich und bald stand der Hochzeitstermin fest. Und wie ich es prophezeit hatte, ging die Ehe der beiden gut. Wenige Wochen später war die junge Frau schwanger. Sie bekam ein gesundes Kind, dem bald ein Geschwisterchen folgte. Die junge Familie war glücklich.

Aber hatte die junge Frau meine Warnung vor dem Fliegen in den Wind geschlagen, vergessen oder einfach verleugnet? Hatte ich sie nicht gewarnt, niemals ein Flugzeug zu besteigen, wenn sie verheiratet war?

Meine Vorhersage traf leider auch in diesem Falle ein. Bei einem Flug nach Teneriffa kamen die junge Frau, ihr Mann und ihr Schwiegervater ums Leben. Das Flugzeug stürzte ab.

Es war und ist noch heute nicht immer leicht, die Ereignisse, die ich voraussehe, zu ertragen. Aber ich kann die Menschen nicht zwingen, meiner seherischen Gabe zu vertrauen, wie ich selbst Gott vertraue. Ich kann die Menschen nur warnen, ihnen raten, sie auf Gefahren hinweisen – was sie jedoch mit meinen Vorhersagen tun, das liegt in ihrer eigenen Verantwortung.

Die Freude an meiner seherischen Gabe ist manchmal ebenso groß wie das Leid, zusehen zu müssen, wenn aus Leichtfertigkeit oder Ungläubigkeit gegenüber meinen Voraussagen das Unglück nicht verhindert werden konnte. So geschah es auch in einem ziemlich spektakulären Fall, der in unserem Ort lange Aufsehen erregte:

Eine meiner Töchter brachte oft ihre Schulfreundin mit zu uns nach Hause. Es war ein nettes, sympathisches Mädchen. Aber ich sah, dass dieses charmante und lebensfrohe Mädchen nicht alt werden würde. „Nimm dich vor verheirateten Männern in acht!", riet ich dem Mädchen. Aber was heißt das schon? Sagen das nicht alle Eltern zu ihren heranwachsenden Töchtern? Hätte ich dem jungen Ding sagen sollen, dass sie einmal durch die Hand eines verheirateten Mannes den Tod finden würde?

Jahre später starb das Mädchen. Es wurde von einem verheirateten Mann umgebracht. Die Schussenrieder kennen diesen Fall nur zu gut ...

Endlich angekommen

Nach unserem Lagerleben und der Zwischenzeit in einem Austragshäusl waren wir nun tatsächlich „angekommen", hatten eine neue Heimat gefunden, in der wir uns nach den langen Entbehrungen und dem ewigen Suchen nach einem eigenen neuen Heim in der Fremde wohlfühlen konnten. Bad Schussenried war eine bezaubernde Stadt, und durch die vielen Arbeitsstellen, die mein Mann und ich und schließlich auch die beiden Mädchen hatten, wurde der Kreis unserer Freunde und guten Nachbarn immer größer. Endlich normalisierte sich unser Leben wieder. Nun, zwei Jahre nach unserer Flucht, konnte ich auf den Sinn meiner Entscheidung, meine Thüringer Heimat, meine Eltern und Freunde zu verlassen, zurückblicken. Wir hatten es geschafft, hatten Arbeit, Einkommen, neue Freunde und eine große Freude. Gott hatte mich belohnt für die Gefahren, die ich auf mich genommen hatte.

Unser Haus in Schussenried stand jedem offen. Es lebte! Die Buben wie auch die Mädchen brachten ihre Freunde mit zu uns nach Hause. Es war wie ein Taubenschlag.

Unsere nunmehr achtzehnjährige Ehe war noch immer glücklich – der Beweis dafür war, dass ich noch einmal schwanger wurde! Geplant war das gewiss nicht, aber wir freuten uns auf unseren Nachzügler, auf unser fünftes Kind. Zum ersten Mal als geübte und manchmal auch geplagte Mutter hatte ich viel Zeit für unsere jüngste Tochter. Es war wunderbar, mit der Erfahrung einer „älteren" Mutter, die ich ja tatsächlich war, noch einmal ein Kind zu bekommen. Ich stillte Petra lange – es war sicher das letzte Mal, dieses Glück zu erleben.

Nun änderte sich unser Leben noch einmal. Die Großen kamen allein zurecht, die brauchten mich nicht mehr. Jetzt konnte ich mir erstmals alle Zeit für unser jüngstes Kind nehmen und meine wohl letzte Mutterschaft so recht genießen. Das wirkte sich natürlich auch auf die gesamte Familienstimmung aus. Ruhe und Ausgeglichenheit kehrten ein. Spaziergänge in Bad Schussenrieds herrlicher Umgebung erzeugten nun sogar schon ein heimatliches Gefühl. Thüringen war inzwischen weit, weit weg. Wir führten ein glückliches Leben.

Aber was war mit meiner Arbeit als Hellseherin? Mein eigenes Glück verblendete mich nicht. Im Traum erschienen auch in dieser stillen Zeit Seelen, die mich riefen, mich um ihren Beistand baten, weil sie auf der Erde noch „unerledigte Geschäfte" hinterlassen hatten oder die Hinterbliebenen ihnen nicht die Ruhe ihres jenseitigen Daseins gönnten. Meine hellseherische Fähigkeit war nicht „auf Eis gelegt". Jeden Morgen betete ich zu Gott, er möge mir sagen, was ich zu tun habe; und jeden Abend dankte ich ihm für seinen Rat.

Die Arbeit mit den Menschen habe ich also nie aufgegeben. Ich habe in dieser Zeit sogar ein Gewerbe als „Freiberufliche Hellseherin" angemeldet. Ich machte meine göttliche Fähigkeit nun zum richtigen Beruf.

Intensive Jahre in Landsberg am Lech

Zwanzig Jahre haben wir glücklich und gesund in Bad Schussenried gelebt, jedoch kam in mir die Sehnsucht nicht zur Ruhe, näher an der alten Heimat meines Vaters zu sein. Etwas rief mich dort hin, wo meine väterlichen Vorfahren mit dem seltenen Namen Wagenpfeil gelebt haben – in Odelshausen, in der Nähe von Dachau, in Bayern.

Mit dem Auto war es nicht weit. Was lag also näher, als Landschaft und Leben in Dachau und Umgebung zu erkunden? Verwandtschaftliche Beziehungen existierten nicht mehr, aber ich hatte das Gefühl, auf den Spuren meines Vaters zu wandeln. Ich suchte die Orte auf, von denen ich wusste, dass mein Vater sie gekannt hatte. Landsberg, das war die Stadt, in der er als Bursche gelebt und seine Lehre als Bäcker abgeschlossen hatte.

Dieses Städtchen am Lech hatte es mir besonders angetan. Die gemütliche Altstadt unterhalb des Lechhangs, lebendig durch das Toben oder stille Treiben des Flusses am Wehr, und die schiefwinkeligen Fassaden der Giebelhäuser mit ihren verschwiegenen Geschichten. Die stadtabwärtsführende Alte Bergstraße, die verwinkelten Gassen, das legendenumwogene Hexenviertel – hier wollte ich leben, hierher schien mich mein Schicksal zu treiben.

Nach der Pensionierung meines Mannes war der geeignete Zeitpunkt für einen Umzug nach Landsberg gekommen. Wieder einmal aufbrechen, das Gewohnte, liebe Menschen und vertraute Räume verlassen. Etwas abschließen, nicht nur eine Haustür, sondern auch einen Lebensabschnitt. War ich eine ständig Suchende? Das fragte ich mich damals oft. Natürlich war auch dieser neue Lebensabschnitt von mir „vorausgesehen". Ich befragte meine Karten nach Zeitpunkt und Wahl des Wohnortes – und schließlich fand ich sie, die Wohnung, die zu mir, meinem Mann und der Tochter passte.

Landsberg gab mir das, was ich erwartet hatte: Heimatgefühl, das Gefühl, etwas Bekanntes zu betreten. Hier, in diesem kleinen Städtchen, begannen meine schönsten Jahre. Es waren die intensivsten Jahre meiner hellseherischen Kraft.

Sehr schnell sprach es sich auch hier herum, dass ich Kartenlegen und die Zukunft voraussagen konnte. Nun, das können viele; oder viele fühlen sich berufen, es zu tun. Hellsehen ist aber mehr als Kartenlegen. Die Techniken des Kartenlegens, des Pendelns, Rutengehens oder Handlesens kann man erlernen. Man kann es sogar zu einer gewissen Fertigkeit und Zuverlässigkeit bringen, wenn man gute Lehrer und selbst einen intensiven Zu- und Umgang mit der geistigen Welt hat. Aber all das bleiben nur gut erlernte und mit psychologischem Wissen unterfütterte Techniken.

Hier muss ich mich einmal ausführlicher über die Kunst des Wahrsagens auslassen. Viele Menschen haben die Fähigkeit, Übersinnliches wahrzunehmen. Ich glaube sogar, dass es sehr viele sind, die mit dieser Feinfühligkeit ausgestattet sind.

Diese Sensibilität ist den Menschen angeboren. Sie bedarf aber einer äußerst feinfühligen Pflege. Schon bei Kindern kann deren Umgang mit ihrer übersinnlichen Fähigkeit verlorengehen, wenn Eltern die kindlichen Phantasien und 'unwirklichen', weil unlogischen Beziehungen zu Feen, Engeln oder anderen außerirdischen Gestalten missbrauchen, indem sie sie verlachen, in den Bereich des Fantastischen oder gar Mystischen stoßen oder durch Verkitschung und Kommerz entheiligen.

Wenn die Menschen ihre angeborene Fähigkeit zu feinstofflichen Wahrnehmungen pflegen würden, gäbe es nicht die Flut von unseriösen Wahrsagern, wie sie heute auf dem Markt ist. Ich bleibe dabei: Viele Menschen haben diese Fähigkeit, manchmal äußert es sich als Bauchgefühl oder als stille Warnung: „Ich sollte vielleicht besser nicht ..." Die Menschen sollten auf ihre eigenen Ahnungen hören, dann könnten sie selbst manches Unheil von sich abwenden. Dieses „flaue Gefühl in der Magengegend" will auf etwas hinweisen. Man sollte es nicht übergehen. Alltag, Beruf und Schnelligkeit unserer Zeit bauen leider diese Sensibilität bei vielen Menschen ab, und dann rennen sie zu unseriösen Wahrsagern.

Andere behalten sie, pflegen sie und beschäftigen sich damit. Diese Menschen können durchaus zu einer großen Feinfühligkeit gelangen und sich als Medium mit verschiedenen Techniken des Wahrsagens beschäftigen. Aber eines können sie nicht: Das Hellsehen erlernen!

Hellsehen ist von Gott gegeben. Wem er diese Gabe verleiht, weiß man nicht. Vielleicht uns allen? Eben mit diesem feinen Spür-Sinn? Diese Fähigkeit des Hellsehens muss man als Gottesgabe anerkennen, sie ist nur dann, wenn Gott sie einem Menschen ans Herz legt, wirklich wahr! Hellsehen ist nicht erlernbar durch einen Guru; kein Diplom der Welt kann jemand mit der wahren Gabe des Hellsehens auszeichnen. Deshalb wäre es verwerflich, Handel und Kommerz mit dieser Fähigkeit zu betreiben.

Aber zurück in meine Landsberger Zeit!
Ich hatte das Gefühl, Landsberg empfange mich mit offenen Armen. Hier spürte ich meine hellseherische Kraft wieder wachsen. Doch auch mein Leben sollte nicht ohne Tränen und Schmerz verlaufen. Wie viele Tränen habe ich im Laufe meiner hellseherischen Lebensberatung in den Augen meiner Kunden gesehen! Nun, auch zu mir kam der Kummer: Ich sah, dass mein Mann erkranken würde, schwere Monate kamen auf ihn zu.

Ich sagte ihm nichts von meiner Ahnung, auch mit den Kindern sprach ich nicht darüber. Nur ein einziges gemeinsames Jahr sah ich für uns noch voraus. Dieses Jahr wollte ich nutzen, um ganz intensiv mit ihm zu leben. Er hatte mich Jahrzehnte begleitet, war den fünf Kindern immer ein guter Vater gewesen. Und er hatte an meine göttliche Gabe des Hellsehens geglaubt.

Nur ich wusste, dass seine Lebensuhr ablief. Sollte ich es ihm sagen? Was empfindet ein Mensch, dem man voraussagt, dass er nur noch wenige Monate leben wird? Herbert wusste, dass es die Wahrheit sein würde, wenn ich es ihm sagte. Durfte ich das Glück dieses letzten Zusammenseins nur für mich allein erleben?

Ich betete zu Gott. Bat ihn um Rat: Was sollte ich tun? Ich schwieg.

Mir war ein langer Abschied von meinem treuen Lebensgefährten gewiss, das wusste ich, und ich gab ihm täglich meine Liebe und meine Zuwendung zu spüren.

Eines Abends saßen wir im Wohnzimmer. Ich strickte, mein Mann hatte den Kamin angezündet und den Fernseher eingeschaltet. Da er in der letzten Zeit ein recht stiller und in sich gekehrter Mann geworden war, saßen wir schweigend im wechselnden Licht von Kaminfeuer und Fernsehgeflimmer. Als ich irgendwann einmal von meiner Strickarbeit aufsah, um ihn etwas zu fragen, sah ich den Beginn seines Endes: Mein Mann starrte regungslos in die Luft.

Der Notarzt stellte einen Gehirnschlag fest und brachte ihn ins Krankenhaus. Nun folgten die üblichen Abläufe im Krankenhaus – schnell hantierende Ärzte, Kabelgewirr, tausend Schläuche an Herberts Nase und Händen. Herbert blieb bewusstlos. Ich saß bei ihm und betete für seinen gnädigen Tod. Es vergingen Stunden. Herbert lag wie ein lebendiger Leichnam vor mir.

Die Ärzte waren ratlos. Sie traten zu mir heran. Sichtlich betreten und unsicher fragten sie, ob mein Mann vor seinem Schlag etwas verfügt habe: Gerätemedizin und das Leben künstlich verlängern?

Ich konzentrierte mich ganz und gar auf meinen Mann und auf mein Gebet. Dann sah ich, sah es ganz deutlich, dass mein Mann schon längst auf einem Weg war, auf dem ihm keine Schläuche und keine medizin-technischen Maschinen mehr erreichen konnten. Ich bat die Ärzte, das künstlich verlängerte Dasein abzubrechen. Herbert sollte seinen eigenen, nicht fremdbestimmten Weg gehen, den Weg zu Gott.

Nun führten mich meine Füße täglich zum Waldfriedhof. Der Gang an Herberts Grab ersetzte mir für eine Stunde die Leere in unserer Wohnung. Es war still um mich herum. Aber die Stille gab mir Kraft, denn Gott war ständig bei mir. Ich dankte ihm für das letzte gemeinsame Jahr mit meinem geliebten Mann.

Auch in der Zeit der Trauer habe ich meine Arbeit fortgesetzt. Viele Menschen aus der Umgebung, ja sogar aus meiner alten neuen Heimat Bad Schussenried, kamen zu mir, um sich Rat zu holen. Ich hatte nun auch in Landsberg den Ruf einer zuverlässigen Hellseherin. Mein Sehen wurde immer stärker. Presse und Fernsehen wurden durch meine genauen Prognosen auf mich aufmerksam. Man bat mich um Interviews und Voraussagen. Viele Menschen ließen sich von mir die Zukunft vorhersagen. Ich war bekannt als begnadete Hellseherin.

Wie oft verwenden wir das Wort *begnadet*, ohne darüber nachzudenken, was es im wahren Sinne heißt: Durch eine Gnade ausgezeichnet zu sein. „Gnade" ist eine Gotteseigenschaft. Nur Gott hat die Fähigkeit, diese Gunst zu verteilen. Wer also „begnadet" ist, ist befähigt, berufen, diese Gabe anzunehmen und die Gunst nicht zu missbrauchen.

In meinem Briefkasten landeten Briefe, Karten und Gebete aus dem ganzen Bundesgebiet und aus dem Ausland. Eines Tages erhielt ich ungewöhnliche Post. Ein portugiesischer Padre war durch einen französischen Zeitungsartikel auf mich aufmerksam geworden und hatte sich auf die Suche nach meiner Adresse gemacht. Schließlich hatte er herausgefunden, dass ich in Landsberg lebte und an die Stadtverwaltung von Landsberg geschrieben.

"Damit Sie sehen, woher ich Adresse erhielt, verehre ich Ihnen auch Brief, der mir ihre Adresse schickte.
Fing ich fröhlich an beim Einwohnermeldeamt wo die berühmteste gnädige Frau Parapsychologin Johanna Kapp wohnt. Am Namenstag von Ihnen den 24. Mai habe ich Heilige Messe für Sie gelesen ... und schließlich gebetet um Erleuchtung, wie ich es anstellen kann um Ihre Adresse zu erhalten. Dann am 13. Juni gab mir der hl. Antonius von ((??, das ist nicht lesbar)) die Erleuchtung ans Einwohnermeldeamt des Herrn Bürgermeister zu schreiben.
Bin aufrichtig und operiere nicht mit Lügen.
Sie sehen, dass ich sofort höflich bedient wurde.
Sie sind eine heilige Seele, das entnahm ich dem französischen Zeitungsartikel, den ich leider nicht mehr finde.
Klebe Briefe meistens mit Klebstoff zu; denn es gibt überall heute BRIEFMARDER und besonders Briefschnüffler!!!

Padre J. A., Lisboa"

Nun erbat der Padre sich Hilfe von mir. Ich habe viel für ihn gebetet, und die Kraft, die Gott mir durch mein Gebet gab, habe ich ihm in meinen Briefen weitergereicht.

„Suchen Sie Schutz, begeben Sie sich irgendwo in Schutz", riet ich ihm. Denn ich sah, dass der Geistliche in Gefahr war. In einem schrecklichen Traum erlebte ich, wie der Gottesmann erschlagen wurde. Bis zu seinem Tode, der genau so eintrat, wie ich es vorhergesehen hatte, habe ich dem Pater in meinen Briefen Trost und Mut gegeben.

Ich habe seinen gewaltsamen Tod nicht verhindern können. Das sind die belastenden Momente einer Hellseherin.

Nach dem Tod meines Mannes überkam mich ein seltsames Gefühl von Unruhe. Ich fühlte mich in der Wohngegend nicht mehr sicher. Ich sah keine wirklich akute Gefahr durch ein Verbrechen oder ein anderes Unglück auf mich zukommen, das Unwohlsein rührte vielmehr aus einer mir nicht bekannten Vergangenheit und hatte mit der Erde zu tun, auf der das Haus stand, in dem ich wohnte.

Ich zog Erkundungen ein über die Wohngegend und wurde fündig. Die Neubausiedlung war auf dem ehemaligen Henkershügel errichtet worden; bei Ausgrabungen habe man vor dem Bau sogar noch ein Henkersbeil gefunden, hieß es. Das also war es. Von dieser Erde ging kein Segen aus. Das hatte ich gespürt. Eigenartigerweise erfuhr ich nun auch, dass fast alle Bewohner dieser Neubausiedlung an irgendwelchen Leiden erkrankt, ihre Ehen kaputt gegangen und viele sehr jung gestorben waren.

Es mag einen jungen Leser erschüttern oder er mag über diese Geschichte schmunzeln. Für mich war es eine Offenbarung – und ein Grund, mir wieder einmal eine andere Wohnung zu suchen.

Bei meiner Wohnungssuche hatte ich nun eine zusätzliche Frage an mein Pendel: „Ist diese (die neue) Wohnung gut für mich?" Im „Englischen Garten", einem wachsenden Neubaugebiet unmittelbar am Lech, fand ich eine solche Wohnung.

Nun zog ich ganz allein in eine neue Wohnung. Ich lebte allein, zum ersten Mal in meinem Leben. Der Mann war tot, die Kinder ausgezogen, die Eltern vor Jahren gestorben. Jetzt musste und konnte ich meine freiberufliche Arbeit als Hellseherin ausbauen. Noch vor meinem Einzug in die Wohnung am „Englischen Garten" beobachtete ich die Erdhubarbeiten und die zunehmende Anzahl von Kränen und Baufahrzeugen auf dieser Baustelle.

„Gebt ein bisserl acht", rief ich eines Tages, in den letzten Stunden vor Einbruch der Dunkelheit, einem Bauführer zu, denn vor meinem Inneren war wieder ein schrecklicher Film abgelaufen.

Für den nächsten Morgen hatte sich ein Kunde bei mir angemeldet. In unserem Gespräch erfuhr ich, dass der Mann in leitender Position mit der Baustelle am „Englischen Garten" zu tun hatte. Ich warnte auch ihn: „Die Bauarbeiter sollen vorsichtig sein!"

„Weshalb?"

„Ich sehe eine Gefahr im Erdreich."

Noch in der gleichen Minute stürmte der Mann aus meinem Haus, trat aufs Gas und raste zu der Baustelle am „Englischen Garten".

„Hört sofort auf! Frau Kapp hat gesagt, dass da eine Bombe liegt!"

Die Bauarbeiten wurden tatsächlich gestoppt. Man war ratlos. Immer mehr Menschen standen vor einem Aushubloch und schauten ins Erdreich. Nichts war zu sehen. Gar nichts.

Schließlich trafen Feuerwehr und Polizeiwagen ein und schirmten das Gebiet ab. Unter der Anleitung der Feuerwehr wurden die Aushubarbeiten nun vorsichtig fortgesetzt; und nach wenigen Schürfungen stieß der Bagger auf eine Fliegerbombe aus dem Zweiten Weltkrieg.

Mein Ruf als begnadete Hellseherin war nun erst recht in aller Munde. Von nun an hatte ich noch mehr zu tun.

Natürlich blieb es nicht aus, dass manche Ereignisse, die ich vorausgesehen hatte, auch an die Öffentlichkeit kamen. Dann hatte aber nicht ich sie ausgeplaudert, sondern die Betroffenen waren über das Eintreten des Vorhergesagten so glücklich, dass sie nicht schweigen konnten. Oder ein Schicksal oder gar ein Verbrechen erregte die Öffentlichkeit so sehr, dass es in aller Munde blieb, wie zum Beispiel der oben schon erwähnte Mord an der Freundin meiner Tochter.

Auch ein anderer Fall erregte die Allgemeinheit, ohne dass ich darüber gesprochen habe.

Vor Jahren lernte ich einen bekannten Schauspieler kennen. Er kam zu mir und bat mich, ihm die Karten zu legen. Neben ganz privaten Ereignissen, über die ich hier nicht spreche und die tatsächlich eingetreten sind, sah ich, dass der leidenschaftliche Hobbyflieger in akuter Gefahr war. Sie hing mit dem Fliegen zusammen.

Aber er lächelte nur. Wir plauderten noch ein wenig und dann ging er. Bei einem seiner Flüge innerhalb der nächsten Tage nach unserem Gespräch lud der Flugbegeisterte eine gute Bekannte und prominente Österreicherin zu einem Mitflug ein. Die Dame sagte aus mir nicht bekannten Gründen den Flug ab, der Mann flog also allein. Er überlebte den Flug nicht. Sein einmotoriges Sportflugzeug stürzte am 9. September 1978 ab. Der Schauspieler war nur 43 Jahre alt geworden.

Hätte er doch meine Vorwarnung ernst genommen …

Ein zweites und ein drittes Glück

Eines Tages kam ein älterer Mann aus Marktoberdorf zu mir. Auch er hatte von meinen Fähigkeiten gehört und wollte wissen, wie sein Leben als Witwer weitergehen würde. Er brauchte mir nichts zu erzählen. Ich sah den Mann an und wusste, dass seine Frau erst vor einigen Monaten verstorben war.

„Ihre Frau ist an Krebs gestorben, nicht wahr?", fragte ich ihn. „Aber sie steht Ihnen zu einem neuen Glück nicht im Wege. Ihre Frau ist Ihr Schutzengel."

Der Mann kam immer wieder. Eines Tages brachte er Rosen mit. Er lud mich ein, wollte mich näher kennenlernen. War ich denn schon wieder so weit?

Wir lernten uns näher kennen, und seine Heiratsanträge wurden immer dringlicher. Er schien mir kaum noch lebensfähig ohne mich zu sein. Wir heirateten tatsächlich und führten eine gute Ehe, auch wenn ich ihr, wenn ich mich ehrlich befrage, nur aus Mitleid mit dem Mann zugesagt habe. Was war nun die Folge dieser Heirat? Wieder einmal ein Umzug – nun ins Allgäu. Der wievielte Umzug war das eigentlich jetzt? Ich zählte nicht mehr.

Mein Mann bot mir an, sein Haus zu verkaufen und dafür eine Wohnung in Landsberg zu erwerben. Ich fragte wieder einmal Gott und meine Karten, was ich tun sollte. Ich hatte seine erwachsenen Kinder kennengelernt und wollte vermeiden, dass sie mit diesem Verkauf auf ihr Erbe verzichten sollten. Das wäre nicht gut ausgegangen.

Das Leben im Allgäu war angenehm. Mein Mann half mir, die neue Umgebung zu erkunden, wir machten viele Reisen und gingen aus. Zehn glückliche Jahre verlebten wir miteinander. Niemals wieder habe ich in meinem Leben so viel getanzt.

Dann wurde mein Man krank. Trotz meiner Hilfe und meiner Pflege starb er – genau so, wie ich es vorausgesehen hatte.

Der Tod meines zweiten Mannes erforderte ungeheuer viel Kraft von mir. Ich hatte mein siebzigstes Lebensjahr erreicht und war erschöpft von der Pflege und Sorge um meinen Mann. Trotzdem versuchte ich, den täglichen Anrufen und Bitten: „Liebe Frau Kapp, geben Sie mir einen Termin ..." gerecht zu werden. Obwohl ich noch trauerte und schwach war, freute ich mich immer wieder, wenn die Leute beim Gehen sagten, dass es ihnen jetzt besser gehe. Ich hatte trotz meiner Trauer doch noch so viel Kraft in mir, dass ich sie an andere weitergeben konnte.

Meine hellseherische Fähigkeit blieb erhalten, trotz meines schweren Lebens. Oft geschieht es, dass ich plötzlich mit meinen Gedanken weit weg bin. Dann sehe ich Dinge, die wenig später eintreffen. Das ist wahrlich nicht immer leicht für mich. Aber der Herrgott gibt mir täglich die Kraft, mit diesen Lasten fertig zu werden.

Ich habe danach noch viel Leid ertragen müssen. Nach meiner kurzen zweiten Ehe wurde ich sehr krank. Ein Herzinfarkt brachte mich ins Krankenhaus. Ich hatte einen totalen Zusammenbruch, und die anstehenden Ereignisse trugen nicht zu meiner Besserung bei, denn Betrug und unangenehme Erbangelegenheiten mussten durchgestanden werden. Nun holte mich meine Tochter Petra zu sich nach Landsberg. Hier kam ich wieder zur Ruhe, und meine Seherinnenkraft kehrte wieder zu mir zurück. Ich wurde eine bekannte und begehrte Interviewpartnerin, denn es sprach sich herum, dass meine Voraussagen zu neunzig Prozent zutrafen.

So sehr ich mich auch über die Aufmerksamkeit freute, die die Medien meiner Arbeit nun widmeten, so blieb mir doch immer der eigentliche Wunsch, die nicht öffentliche, ganz intime, unspektakuläre Arbeit mit meinen „Klienten" in meinem Arbeitszimmer auszuüben. Natürlich ist ein Auftritt im Fernsehen oder gemeinsam mit Prominenten gut für das eigene Image, aber ich habe niemals Gewinn daraus zu schöpfen gesucht.

Interessant für meine eigene Bewertung und für meine Positionierung im Hellseher-Dschungel waren die Talkshows bei einigen Fernsehsendern, in denen die Arbeitsweise, der spirituelle oder hellseherische Ansatz, die Arbeitsmittel und -methoden verschiedener Magier (meist waren es Frauen) gegenübergestellt wurden.

Die zweiten Landsberger Jahre gestalteten sich als glückliche Jahre. Ich war ja nicht fremd in der Stadt. Viele alte Bekannte, Freunde und Kunden kamen nun wieder zu mir. Ich konnte wieder arbeiten; und so konnte ich mir einen Kreis von Menschen aufbauen, die ich beraten und vor manchem

Unheil, falschen Entscheidungen oder Ängsten bewahren konnte.

Meine hellseherische Kraft hatte mich nicht verlassen. Wie oft bin ich damals in die Kirche gegangen! Gottesdienste gaben mir die Kraft und die Gewissheit, dass mein Weg als Hellseherin noch nicht zu Ende war. Doch nicht nur als Hellseherin, wie ich wenige Monate nach meinem Umzug nach Landsberg erleben durfte: Ich wurde – mit fast 80 Jahren! – noch einmal eine glückliche Frau! Ich lernte Heinz kennen, einen rüstigen, liebevollen Mann, der mich liebte. Es dauerte nicht lange, da zog Heinz zu mir in meine Wohnung. Wir beiden Hochbetagten heirateten und verlebten eine wunderbare gemeinsame Zeit, die nur drei Jahre dauerte.

Heinz fühlte sich nicht wohl. Schmerzen plagten ihn. Schließlich musste er sich in sein Schicksal fügen und ins Krankenhaus gehen. Trotz bester Pflege starb mein Mann nach kurzem Klinikaufenthalt.

Ich musste einen erneuten Schicksalsschlag verarbeiten. Meine Tochter Petra half mir dabei, den Verlust zu verkraften und die anschließenden Dinge zu regeln; darunter den erneuten Umzug. In der Wohnung, in der ich mit Heinz, meinem dritten Mann, für drei Jahre so glücklich gewesen war, wollte ich nicht mehr bleiben. Ich gab die Wohnung auf, verließ Landsberg wieder und zog zu ihr nach Pitzling, das in der Nähe von Landsberg lag.

Das Wahre sehen
und das Richtige sagen

Wie immer in unsicheren Zeiten wenden sich die Menschen den Fragen zu, die ihre Zukunft und die ihrer Angehörigen betreffen. Sie wollen wissen, woher sie kommen, wie sie Probleme lösen, Ehen retten oder ob sie sich trennen sollen, ob sie Prüfungen bestehen und wohin sie der Arbeitsmarkt treibt, ob Kindersegen ins Haus steht und was mit Angehörigen ist, die sie verloren glauben.

Diese große Nachfrage schafft einen entsprechend großen Markt. Viele Hellseher, Magier und Wahrsager tummeln sich auf diesem Feld. Aber nur wenige hat Gott ausersehen, wirklich zu SEHEN. Kartenlegen, Handlesen, Astrologie oder Pendeln kann man mehr oder weniger gut erlernen. Das SEHEN aber ist nicht erlernbar. Gott befähigt bestimmte Menschen mit dieser Gnade; und damit hat er ihnen die Verpflichtung auferlegt, nur die Wahrheit zu sagen.

Wir Menschen sind mit Sinnen ausgestattet, auch mit dem sogenannten sechsten Sinn, der uns instinktmäßig das Richtige oder Falsche tun ließe, wenn wir nicht den Verstand einschalten und permanent abwägen würden. Er ist der Sinn der Vorausahnung. Alle Menschen könnten diesen „sechsten" Sinn verfeinern. Die Fähigkeit dazu hätte jeder. Aber das reicht noch nicht, um zu sagen: Ich bin ein Wahrsager / ein Hellseher.

Diese Fähigkeit besitzen nur von Gott befähigte Personen. Diese sind Glieder einer besonderen göttlichen Ordnung, Werkzeuge Gottes. Und das sind meiner Meinung nach nicht viele Menschen, zumindest bei weitem nicht so viele, wie sich auf dem Wahrsager-Markt tummeln. Gar nicht dazu gehören jene Menschen, die sich mit Schwarzer Magie und mit Okkultismus befassen. Denn – ich sage es immer wieder – mit der Kunst des Hellsehens ist auch die Verpflichtung verbunden, das Wahre zu sehen und das Richtige zu sagen.

Meine Aufgabe ist es, den Menschen zu helfen. Ich kann mit dem ich sehe, und mit dem, was ich ihnen sage, menschliches Leid mindern, Unglück eventuell verhindern oder Probleme lösen. Aber ich darf nicht selektieren, auswählen, nur das Gute und Schöne sagen. Wenn ich das in meiner langen Hellseherinnen-Laufbahn getan hätte, wären viele Menschen nie ein zweites Mal gekommen.

Ich sehe Dinge, die als Glück, Problemlösung oder auch als Reichtum auf die Menschen zukommen, die Rat bei mir holen. Aber wie ich schon gesagt habe: Ich sehe auch Dinge, die Schmerz und Verlust bringen. Ja, auch den Tod sehe ich voraus. Aus meiner langjährigen Erfahrung heraus weiß ich, dass die Dinge, die ich sehe, richtig sind. Ich kann mit aufrichtiger Überzeugung sagen: Ich sehe (fast) immer das Richtige.

Wollte ich eine Wahrheits-Bilanz meiner Aussagen ziehen, könnte ich auf eine neunzigprozentige Trefferquote zurückblicken. Wer aber damit hausieren geht, ist eitel und berechnend. Mir geht es nicht darum, den Weltrekord an spektakulären oder auch nur gewöhnlichen Treffern anzustreben. Meine Aufgabe besteht darin, den Menschen zu helfen, indem ich ihnen die Wahrheit sage. Es überrascht mich nicht wirklich, dass meine Aussagen in neunzig Prozent zutreffen. Denn ich bin von meiner Fähigkeit überzeugt. Es ist nicht meine eigene Leistung – ich bin nur ein Werkzeug Gottes. *Meine* Leistung besteht darin, mich dieser Aufgabe immer und immer wieder zu stellen und nicht der Gewinnsucht zu verfallen. Davon will ich aber später erzählen.

Was soll ich also den Menschen sagen? Was darf ich ihnen zumuten?

Manchen Menschen kann ich die ganze Wahrheit sagen. Andere würden sie nicht verkraften. Ich weiß, dass das, was ich sehe, wahr ist, muss aber behutsam damit umgehen; denn hier liegt der Segen meiner Seherinnen-Kraft. Auch das erkenne ich: Wer die ganze Wahrheit verkraftet und wer nicht.

Als Prominenter kommen und als Mensch gehen

Ein großer Anteil jener Menschen, die bei mir Rat suchen, sind sogenannte Prominente. In erster Linie sind es Künstler und Künstlerinnen, die auf der Bühne, im Konzertsaal oder im Fernsehen unmittelbar vor der Konfrontation mit dem Erfolg stehen.

Sind diese Menschen nun besonders gefährdet oder auf besondere Weise vom Schicksal abhängig? Weshalb haben so viele Schauspieler und Künstler das Bedürfnis, zu einer Wahrsagerin zu gehen?

Vordergründig ist es sicher die Frage nach dem Erfolg. Ein Künstler lebt vom Erfolg. Er braucht ihn (wie jeder andere Mensch auch), denn ohne Erfolg wäre seine Existenz als Künstler gefährdet. Deshalb will er wissen, was seine Zukunft bringt.

Viele Prominente haben mich um Rat gefragt; und sie waren erstaunt, was ich von ihnen wusste – aus ihrer Kindheit, aus ihrer Vergangenheit, als sie noch keine Prominente waren. Und plötzlich sahen sie, wie das Vergangene mit ihrer Gegenwart und sogar mit ihrer Zukunft zusammenhängt. Sie kommen als prominente Künstler zu mir und gehen als

Mensch aus meinem Haus. Daraus haben sich viele langjährige Freundschaften gebildet. Vielen großen Künstlern habe ich ihren heutigen Erfolg vorausgesagt.

Natürlich ist es für das eigene Image, für die Publicity und für den Geldbeutel wunderbar, wenn man viele Prominente beraten durfte. Aber ein Hellseher, der sich nur über Namen von Prominenten oder Vorhersagen von Katastrophen oder anderen spektakulären Ereignissen einen Namen zu schaffen versucht, ist kein wirklicher Hellseher.

Für mich ist meine Arbeit des Hellsehens Lebensberatung. Dabei ist es mir gleichgültig, ob ich einen prominenten Schauspieler, einen Bäcker oder einen Landtagsabgeordneten vor mir habe. Für mich sind alle Menschen gleich, so wie Gott sie geschaffen hat.

Für Zeitungen und Fernsehen sind natürlich die prominenten Schicksale besonders medienwirksam; deshalb sind die Journale voll damit. Hinter den Erfolgshoffnungen stehen aber auch bei Prominenten ganz menschliche Schicksale. Hierzu dieses Beispiel:

Eine bekannte Sängerin hatte mich nach ihrer Zukunft gefragt. Sie war krank. Ärzte hatten angedeutet, dass sie Krebs haben könnte. Entsprechende Untersuchungen waren noch in vollem Gange.

„Sie haben keinen Krebs", versicherte ich der Dame. „Seien Sie ganz beruhigt!"

Die Dame ging mit einem Lächeln und einer Umarmung aus meiner Wohnung. Wenige Tage später erhielt ich einen Brief ihrer Tochter. Sie schrieb mir, dass meine Vorhersage zutreffend war. Die Befunde hatten ergeben, dass die Mutter tatsächlich keinen Krebs hatte. Meine Entwarnung hatte die Familie und die Kranke getröstet, sie haben die Operation gelassen angenommen, ohne in Verzweiflung und Lebensangst zu verfallen. „Bleiben Sie unser Schutzengel, liebe Frau Kapp ..."

So etwas freut mich dann. Wen würde es nicht erfreuen, wenn Menschen an einen glauben? Es ist beglückend, wenn meine Voraussagen solch gute Wirkung haben; und vor allem – wenn sie wahr sind!

Wie funktioniert das Hellsehen eigentlich?

Das wurde ich wahrhaftig oft gefragt! Meine Antwort war und ist immer die gleiche: Hellsehen „funktioniert" nicht. Es ist keine Funktion, die der Körper ausführt oder zu der ich meinen Körper zwingen kann. Hellsehen kann man nicht erlernen – ich habe schon oft darauf hingewiesen.

Bei mir entstehen Bilder im Kopf, die sich zu einem Film verknüpfen. Wenn ein Mensch zu mir kommt, dann sehe ich genau hin. Dann läuft dieser Film in meinem Kopf ab, auch wenn ich noch niemals mit ihm gesprochen oder etwas über ihn erfahren habe. Ich sehe, ohne dass ich etwas von ihm weiß, seine Vergangenheit, die Gegenwart und seine Zukunft. Damit ich wirklich nur die Wahrheit sage, lege ich dann anschließend die Karten oder lese aus der Hand. Aber das sind nur zusätzliche Mittel zur Prüfung oder Bestätigung der Dinge, die ich bereits in meinem Kopf gesehen habe.

Mein zweijähriges Studium der Psychologie und die jahrzehntelange Beschäftigung mit Astrologie und Graphologie geben mir bei meiner hellseherischen Arbeit ein zusätzliches Fundament; aber auch das sind nur Hilfsmittel, das möchte ich immer wieder betonen.

Wenn ich Voraussagen machen kann über bestimmte Ereignisse, die nicht unmittelbar mit einem Menschen zusammenhängen, ist der Film ganz besonders intensiv. Es sind nicht immer nur die Naturkatastrophen, nach denen man Hellseher gern fragt und die in der Regel auch eintreten, denn Naturkatastrophen gibt es immer! Da stimmt die Trefferquote fast immer, wie zum Beispiel bei dem schweren Unwetter an der Mulde oder bei der katastrophalen Überschwemmung in Sri Lanka, die ich vorausgesehen habe. Aber als ich 1939 in meinem Traum die Bäche von Blut sah und die Bäume, die aus Trümmern und Ruinen wuchsen, war ich von der Intensität dieses Traumes selbst überwältigt. Ich wusste, dass so etwas kommen würde. Wenige Monate später war der Zweite Weltkrieg ausgebrochen.

Die Mund-zu-Mund-Empfehlung schlängelte sich also durch unseren Wohnort wie der Flügelschlag eines Vogelschwarms; ich konnte sie nicht mehr beeinflussen. Die Menschen besuchten mich, baten um Termine und Rat, weil sie von Freunden oder Verwandten von mir gehört hatten. Vor allem aber, weil sich herumgesprochen hatte, dass ich meine Hellseherei niemals für spektakuläre Auftritte oder Voraussagen missbraucht habe. Ich wollte nie im Rampenlicht stehen und reißerische Voraussagen treffen, um meine hellseherische Fähigkeit zu rechtfertigen. Wahre Hellseherei braucht das nicht. Ich bin schließlich keine Magierin, die mit aufsehenerregenden Gesten oder Geräten etwas vortäuscht oder voraussagt, um in aller Munde zu sein.

Meine Arbeit als Hellseherin hat nichts Spektakuläres an sich. Ich brauche kein schummeriges Licht und keine Glaskugel, um meine Kunden zu beeindrucken. Ich kleide mich nicht in tragisches Schwarz oder behänge mich mit Tüchern oder Klunkern. Ich bin eine ganz normale Frau. Die wirksamste Art, Menschen von meinen Fähigkeiten zu überzeugen, ist mein Versprechen gegenüber Gott, stets nur die Wahrheit zu sagen. Dazu brauche ich Zeit. Deshalb sind meine Gespräche immer sehr intensiv – und nicht nur die Gespräche, sondern meine geistige Arbeit überhaupt. Es ist ein anstrengendes Geschäft, diese Hellseherei! Den geistigen Weg zu den Menschen zu finden, die körperlich vor mir sitzen, verlangt eine extrem tiefe Einfühlungsgabe und eine Abschottung von äußerlichen, unwichtigen Ereignissen während der Arbeit. Es verlangt höchste Konzentration auf das, was ich sehe. Dann ist es gleichgültig, *was* ich sehe. Glück berührt mich ebenso wie Unglück. Aber Glück und Dankbarkeit auszuhalten, das ist leicht. Die schrecklichen Bilder, die ich sehe, sind schwerer auszuhalten. Um das zu ertragen, gibt Gott mir immer wieder Kraft.

Die Menschen mögen mir glauben oder nicht, das kann ich nicht beeinflussen. Aber ich muss ihnen Vertrauen geben! Gott gegenüber bin ich verpflichtet, nur die Wahrheit zu sagen. Den Menschen gegenüber bin ich verpflichtet, immer nur das Richtige zu sagen. Manchmal muss ich die Wahrheit – meine hellseherische Wahrheit – verschweigen, weil der Zeitpunkt oder die Stärke für das Aushalten der Wahrheit bei den Menschen, die zu mir kommen, noch nicht erreicht sind. Aber ich darf ihnen niemals nach dem Munde reden, um mich beliebt, wohlhabend oder bekannt zu machen. Das wäre verantwortungslos Gott, mir und meinen Kunden gegenüber. Dann hätte ich das göttliche Recht, als sein Werkzeug zu dienen, verwirkt. Was wäre ich dann noch? Ein Mensch, der sich Gottes Rat und Lenkung, seiner Güte und seiner Gnade selbst entzogen hätte – dieser Leere möchte ich mich niemals aussetzen!

Deshalb gilt seit meiner hellseherischen Arbeit das Gebot: Sage niemals die Unwahrheit, spekuliere nicht, interpretiere nicht, wähle nicht aus, was dir Vorteil oder Geld bringen könnte. Das ist wohl auch mein Erfolgsrezept, der Grund, weshalb so viele Menschen Rat bei mir suchen: Sie vertrauen mir und meinem SEHEN.

Eines Tages kam ein Mann zu mir. Er und seine Frau lebten in der Villa seines Schwiegervaters – eine Traumlage direkt am See. Der Mann wollte etwas über seine berufliche Zukunft wissen und zugleich brauchte er Rat, wie seine Ehe weitergehen sollte. Zu diesem Gespräch brachte er einige Familienfotos mit. Auf einem dieser Fotos war sein Schwiegervater abgebildet. Ich sah, dass der alte Herr an einem schweren inneren Leiden litt und beobachtete den jungen Mann. Konnte ich ihm die Wahrheit zumuten? Wir sprachen noch ein paar Sätze, und ich erkannte, dass der Mann durchaus gefasst war und die Wahrheit verkraften würde.

„Ihr Schwiegervater ist schwer krank. Er wird sehr plötzlich sterben. Die wirkliche Ursache für seinen plötzlichen Tod ist aber nicht diese Krankheit. Ich sehe die Gefahr woanders – an seinem Kopf!"

Der junge Mann blieb skeptisch. „Auch wenn Sie bei allen anderen Prognosen Recht haben, Frau Kapp, hier irren Sie sich!"

Es verging über ein Jahr, bis er wieder zu mir kam und mich bat, einmal nachzuschauen: „Was es Neues gibt", wie er sich ausdrückte. Ich deckte die Karten auf und sah das ganze Elend: Der Vater hatte Krebs im Endstadium. Die Ärzte hatten es nicht erkannt oder er war einfach nicht zum Arzt gegangen.

Einige Zeit nach unserem Gespräch rief mich der junge Mann an und erzählte mir, dass der Schwiegervater unter unerträglichen Schmerzen gelitten und sich schließlich aus Verzweiflung das Leben genommen hatte: Er hatte sich eine Kugel in den Kopf geschossen.

Nach diesem plötzlichen Tod bat mich das Ehepaar um einen Besuch in ihrer Villa. Als ich das Haus betrat, spielte sich vor meinem Auge ein sonderbarer Film ab: Ich sah ein Ereignis, das hier in diesem Haus weit in der Vergangenheit geschehen war. Ich sah einen älteren Herrn tot an einem Seil im Dachboden hängen.

Das junge Ehepaar stellte entsprechende Recherchen an, und es kam heraus, dass tatsächlich in den Kriegsjahren ein solcher Selbstmord hier geschehen war!

Wir haben die Villa ausgependelt. Es stellte sich heraus, dass der Schwiegervater jahrelang auf einer gekreuzten Wasserader geschlafen hatte. Die Familie hat inzwischen das Haus verkauft.

Solche Dinge sehe ich ganz spontan. Es muss gar nicht immer eine konkrete Anfrage an mich herangetragen werden. Manchmal erscheinen mir die toten Seelen im Traum. Das sind Menschen, die nach Hilfe rufen, weil irgendwelche Dinge auf Erden noch nicht erledigt sind.

Eines Tages bat ich unsere Hausmeisterin, sie solle doch einmal in der Parterre-Wohnung nachsehen lassen, ob da alles in Ordnung sei. Ich sah nämlich den Mann, der diese Wohnung innehatte, tot in der Wohnung liegen. Die Hausmeisterin reagierte nur nachlässig. Ich musste meine Bitte noch einmal wiederholen. Es dauerte zwei bis drei Tage, bis man meinen Rat befolgte und nachsah. Und richtig: Der Mann lag schon einige Tage tot in seiner Wohnung.

Solche tragischen Ereignisse habe ich viele erlebt. Mir fällt ein weiteres trauriges Schicksal ein.

Eine Frau bat mich, ihr bei der Bewältigung ihrer häuslichen und familiären Probleme zu helfen. Sie hatte drei Kinder und das Gefühl, nicht mehr alles zu schaffen. Außerdem machte sie sich Sorgen um ihren Mann.
„Ihr Mann hat ein Nierenleiden", sagte ich zu der Frau.
Die Frau schaute mich ungläubig an. Wir arbeiteten noch einige Zeit an einem weiteren Problem, und dann ging die Frau nach Hause, dankbar und erleichtert.
Wenig später kam sie nochmals zu mir und brachte ihren Mann mit. Ich kannte den Mann, der da vor mir stand: Es war ein berühmter Bergsteiger und Alpin-Publizist. Als das Ehepaar vor mir saß, sah ich, dass die beiden Menschen in akuter Gefahr schwebten. Es hatte aber nichts mit den Bergen zu tun. Die Gefahr sah ich in der Luft liegen! Der Bergsteiger lächelte über meine Vorhersage (das ist übrigens eine der üblichsten Reaktionen von Männern, die dem Geschwafel einer Hellseherin nur ungern glauben wollen!). Aber seine Frau glaubte mir und war entsprechend beunruhigt. Das sah ich.

Wenig später geschah das Unglück: Beide stürzten mit dem Hubschrauber ab.

Solche Dinge belasten mich sehr. Nach solchen Arbeiten ist mein Gebet zu Gott immer besonders innig. Ich bitte ihn um Hilfe, mir die Kraft zu geben, um diese Last zu ertragen. Doch was sind meine Belastungen gegen das Leid mancher Menschen?

Eines Tages rief mich die Tochter einer bekannten Sängerin an. Sie war eine langjährige Kundin von mir und hatte volles Vertrauen in mich und meine Vorhersagen.
„Frau Kapp, bitte helfen Sie uns, einen Vermissten zu finden."
Ich bat um ein Foto des Vermissten und sah, dass er tot war. Ich sah den Toten in einem Wald liegen. Obwohl ich noch nie auf dem Anwesen dieser Familie gewesen war, sagte ich ihnen am Telefon exakt, wo sie suchen sollten. Ich beschrieb ihnen ein ganz bestimmtes Waldstück in der Nähe von A. Man suchte und fand die Leiche des alten Herrn – genau an der von mir vorausgesagten Stelle.

Die Bilder, die ich diesem Fall gesehen habe, waren auch für mich von erschütternder Deutlichkeit. Ich weiß selbst nicht, wie diese Bilder entstehen. Hier aber waren sie so eindeutig, dass ich die Fundstelle sogar am Telefon beschreiben konnte.
Manchmal zweifle ich selbst daran, was ich alles sehe. Ich erinnere mich an einen besonders schlimmen Fall.

Eine junge Frau kam zu mir. Sie war völlig am Ende und trug sich mit ernsthaften Selbstmordgedanken. Ich legte ihr die Karten und sah darin das schlimmste Leid, das einer jungen Frau geschehen kann. Ich sah, dass ihr Stiefgroßvater sie seit Jahren sexuell missbrauchte und die Großmutter es schweigend duldete.

Die junge Frau war erstaunt, als ich ihr das auf den Kopf zusagte. Wie immer, hatte ich sie gebeten, mir nichts vorher von ihr zu erzählen. Nun war der Bann gebrochen. Ich arbeitete sehr intensiv mit ihr und holte alles aus ihrer Seele heraus.

Einige Zeit später bekam ich einen Brief von ihr, einen wunderschönen Dankesbrief. Nichts von Selbstmordgedanken stand darin, es war der Brief einer glücklichen jungen Frau. Sie hatte sich nach unserer Arbeit von den Großeltern getrennt und schrieb mir nun, dass sie nach dieser Entscheidung endlich wieder auf dem Wege war, glücklich zu werden.

Solche Tage liebe ich! Wenn nicht nur mein eigenes Gefühl des Glückes nach gelungener Arbeit aufkommt, sondern wenn das Glück greifbar geworden ist!

Leider sind die Tage nicht immer so glücklich, und ich kann die grauenhaften Schicksale, die ich sehe, nicht verhindern, wie ein weiteres Beispiel zeigt.

Eine Mutter kam in großer Sorge um ihren Sohn zu mir. Der Junge war seit langer Zeit verschollen. Ich legte die Karten und sah, dass der Sohn in großer Gefahr war.

„Ihr Sohn lebt", sagte ich zu der besorgten Mutter, „und sogar in der gleichen Stadt wie Sie." Das, was ich tatsächlich auch noch sah, wollte ich ihr nicht sagen, denn die Frau machte einen sehr geschwächten Eindruck auf mich. Ich sah nämlich, dass man den Sohn eines Tages tot auffinden würde.

Leider war auch diese Voraussage richtig: Der junge Mann wurde tot aus einem Fluss geborgen.

Es macht mich glücklich, wenn ich Unheil verhindern kann

Ich habe von Gott den Auftrag bekommen, mit Hilfe meiner hellseherischen Kraft den Menschen zu helfen und ihnen zu raten. Das ist nicht immer einfach, da ich oft Dinge sehe, welche die Menschen, mit denen ich arbeite, in tiefes Unglück stürzen. Andererseits kann ich mit einigem Stolz sagen, dass ich wohl mehr Ehen gerettet habe, als so manch ein Richter! Auch dazu einige Fälle:

Die Mutter einer berühmten Künstlerin bat mich um Rat. Ich betone es nicht absichtlich, dass es die Mutter einer bekannten Künstlerin war; aber aus meiner langjährigen Tätigkeit habe ich ein besonderes Gefühl für „Prominente" entwickelt. Sie vertrauen sich eher einer Hellseherin oder Kartenlegerin an als andere. Sie haben kein Misstrauen und halten sich in den meisten Fällen tatsächlich an meinen Rat.

Ich legte also die Karten und las aus ihnen die Kindheit, Vergangenheit, Gegenwart und die Zukunft der Dame, die in den besten Jahren war. Sie hatte einen anderen Mann kennengelernt und wollte Näheres über ihn erfahren. Das hatte sie mir zwar nicht erzählt, aber meine Karten verrieten es mir. Die Frau war ziemlich erstaunt, als ich ihr auf den Kopf zusagte, dass sie sich mit Scheidungsabsichten trage.

„Lassen Sie sich nicht scheiden! Der Mann, den Sie da kennengelernt haben, ist verheiratet. Er meint es nicht ehrlich mit Ihnen." Sie wollte es nicht glauben und ging etwas enttäuscht von mir weg. Ich wusste aber, dass ich recht hatte.

Und was geschah? Wenige Tage nach unserem Gespräch rief sie mich an und teilte mir mit, dass ich mit meiner Aussage Recht hatte. Wieder einmal eine Ehe gerettet. Gott sei Dank dafür! In anderen Fällen ging mein Rat jedoch auch in die andere Richtung.

Eine Frau kam nach Jahren wieder einmal zu mir. Sieben Jahre zuvor hatte sie mich gefragt, ob sie den Mann, mit dem sie damals zusammenlebte, heiraten solle. Damals hatte ich ihr davon abgeraten.

Nun stand sie wieder vor mir: „Hätte ich doch bloß auf Sie gehört, Frau Kapp! Ich habe den Mann trotz Ihrer Mahnung geheiratet. Nach einem Jahr hat er zu trinken begonnen. Es ist die Hölle. Er prügelt mich und behandelt mich schlecht." In diesem Falle habe ich der Frau zur Scheidung geraten. Man sollte Ehen nicht um jeden Preis aufrechterhalten.

Und noch ein weiterer Fall.

Nachdem ich fünf Jahre nichts von ihr gehört hatte, bat mich eine Dame wieder um einen Termin. Fünf Jahre lagen zwischen unserer ersten Arbeit und dem neuerlichen Besuch, und ich wusste noch ganz genau, was ich der jungen Frau damals geraten hatte.

Es erstaunt mich selbst immer wieder, wie ich das alles über längere Zeiträume behalte. Mein Gehirn scheint wie ein Filter zu arbeiten: Merke dir die Informationen und Zusammenhänge, gehe aber nicht selbst am Leid der anderen zugrunde – eine göttliche Fähigkeit, für die ich dankbar bin.

Vor fünf Jahren hatte ich der jungen Frau folgende Voraussage gemacht: „Ihr Mann hat eine Freundin, geben Sie Acht, dass Ihnen nicht alles verlorengeht! Machen Sie eine Gütertrennung!"

Nun saß die Frau wieder vor mir und erzählte mir, was geschehen war. Es war für uns beide unwahrscheinlich, wie alles, was ich vorausgesagt hatte, eingetroffen war: Damals hatte das Ehepaar gemeinsam ein großes Geschäft in Norddeutschland betrieben. Mit der Scheidung, die der Mann zügig betrieben hatte, um die Freundin zu heiraten, ging der Ehefrau alles verloren. Ihr Mann hatte ihr alles genommen; sogar die drei gemeinsamen Kinder hielten nicht zur Mutter.

Heute lebt diese Frau in einer kleinen Wohnung im Frankenland. Ohne meinen Beistand wäre diese Frau verzweifelt.

Eheberatung durch eine Hellseherin – wahrscheinlich der Graus eines jeden akademischen Psychoanalytikers. Oder nicht?

Ich habe im Laufe meiner Beratung die Erfahrung gemacht, dass ich viele Ehen durch mein Sehen retten oder durch meinen Rat Schlimmeres verhindern konnte – in *einer* Sitzung, ohne jahrelange Analyse, ohne Rezept und ohne horrende Gagen. Nur durch meine Fähigkeit, in die Seelen der Menschen hineinzuschauen. Mir ist kein einziger Fall bekannt, wo einer meiner Klienten durch meine Aussage krank geworden wäre, krank an der Seele, oder depressiv und lebensunfähig. Ich weiß aber andererseits, dass es viele Fälle gibt, wo Klienten von ihrem Psychologen abhängig geworden sind, wo eine Therapie der anderen folgt, wo aus Lebenshilfe ein einträgliches Geschäft gemacht wird.

Ich spreche der Tiefen-, systemischen und analytischen Psychologie und ihren ehrlichen Vertretern nicht die Berechtigung ab. Gott möge mich vor jeder Überheblichkeit bewahren. Aber in der Betrachtung meiner Arbeit habe ich den Eindruck gewonnen, dass der wahre hellseherische Blick in die Seelen meiner Kunden (ich scheue mich vor diesem Wort; auch der Begriff „Klient" trifft es nicht: Es sind immer „nur" ratsuchende Menschen), das Gebet und mein Glaube an meine göttliche Berufung einen ebenso berechtigten Anteil an der Gesundung von Menschen und Beziehungen haben kann wie die wissenschaftliche Arbeit von Psychologen, Ärzten oder Anlageberatern.

Auch dazu ein Beispiel.

Eine Frau trug sich mit Scheidungsabsichten und wollte nun von mir wissen, ob das richtig sei. Ich riet ihr von der Scheidung ab, denn ich sah, dass ihr Mann ernsthaft krank war.

„Sollten Sie sich aber trotzdem scheiden lassen, dann regeln Sie wenigstens die Zukunft Ihrer beiden Kinder mit Ihrem Mann. Treffen Sie eine klare Absprache mit ihm für die Kinder." Die Frau schwieg. Sie verstand nicht, was ich meinte. Ich musste der Frau die Wahrheit sagen.

„Sie werden trotz meiner Warnung die Scheidung einreichen und es bereuen. Ihr Mann wird die Scheidung neun Monate überleben, dann wird er sterben. Es wird eine Fehldiagnose sein, die ihm den Tod bringt."

Die Frau ertrug die schreckliche Vorhersage. Ich sah es ihr an, als sie sich von mir verabschiedete. Wahrscheinlich lag ihr der Scheidungswunsch mehr am Herzen als die drohende Gefahr, in der ihr Mann war. Nach einem Dreivierteljahr erhielt ich einen Brief von ihr: Sie hatte sich scheiden lassen, obwohl ihr Mann tatsächlich über Bauchschmerzen und Unwohlsein geklagt hatte. Sie hatte auch nach der Scheidung Kontakt zu ihrem Mann gehalten und erfahren, dass er in Behandlung und eine Gallenentzündung diagnostiziert worden war. Wenige Tage später musste er operiert werden. Bei der Operation stellte sich heraus, dass ihr Mann nicht an einer Gallenentzündung, sondern an einem Nierentumor gelitten hatte. Kurz nach der Operation war er verstorben – genau wie ich es vorhergesehen hatte.

Auch einen solchen Ausgang meiner Arbeit muss ich verkraften. Ich sehe, dass die Leute in ihr Unglück rennen, aber ich kann sie nicht daran hindern und zwingen, meinem Ratschlag zu folgen.

Oft gehen die Ratsuchenden erleichtert von mir weg, als hätten sie einen Ballast abgeworfen. Das macht mich glücklich, besonders wenn ich verhüten kann, dass die Menschen Fehler machen. Ich kann nicht heilen mit meiner Kraft, aber ich kann kranken Menschen einen guten Rat geben und sie bestärken, unbedingt zum Arzt zu gehen, wenn ich etwas sehe.

Viele Menschen suchen Rat, wenn sie nicht weiter wissen, wenn ihre Ehe auseinander zu brechen droht, wenn die Berufswahl ihrer Kinder ansteht, wenn Arbeitslosigkeit den Lebensmut auffrisst oder Menschen der Sucht verfallen. Es sind aber nicht immer nur die großen Schicksale und Lebenskrisen, bei denen ich hilfreich zur Seite stehe. So wie ich mir selbst meine Wohnungen ausgependelt oder meine Karten nach dem richtigen Zeitpunkt für irgendeine praktische Entscheidung befragt habe, so habe ich auch Menschen beraten und in Situationen geholfen, die sie nicht wirklich existenziell bedrohten, wohl aber einschränkten, wie zum Beispiel eine junge Frau, der ich dazu verholfen habe, ihren Geruchs- und Geschmackssinn wiederzuerlangen; oder wenn die schlaflosen Nächte junger Eltern enden, nachdem ich den Säuglingen die Hand aufgelegt habe.

Was ist eigentlich Magie?

Wenn jemand bestimmte geistig-mystische Fähigkeiten besitzt und sie einsetzt, um Veränderungen zu erwirken, ist er ein Magier. So sagt es das Lexikon. Man muss aber schon bei dieser Definition klären, welche Veränderungen herbeigeführt werden sollen und wozu. Genau in diesem Punkt unterscheiden sich die schwarzen Magier von den weißen. Ich lehne die Schwarze Magie und den Okkultismus strikt ab; denn sie wollen *Einfluss nehmen* auf das Leben im Diesseits und im Jenseits. Ich habe in meiner Arbeit niemals Einfluss nehmen oder Macht ausüben wollen, denn das würde bedeuten, mit meiner Fähigkeit einen bestimmen Plan zu verfolgen.

Ich bin eine Vertreterin der Weißen Magie. Ich setze meine Fähigkeit *zum Wohle* der Menschen ein. Ich berate sie, sehe in ihre Seelen, bete für sie, lese in ihren Handlinien und Sternen und deute ihre Aszendenten. Meine Arbeit als Hellseherin steht im Einklang mit den kosmischen Gesetzen, denen wir alle unterliegen. Es ist eine sehr leise Arbeit, eine Arbeit *für* den Menschen. Es ist eine göttliche Arbeit.

Ganz anders ist das bei der Schwarzen Magie. Sie kommt von dunklen Kräften. Sie will Macht ausüben mit einem auf Kosten der anderen beeinflussten ICH, will Macht ausüben auf Menschen, um sie zu zerstören und zu vernichten. Es sind Vertreter einer dämonischen Philosophie, die gegen den göttlichen Willen arbeitet und Aufsehen erheischen will mit Szenarien, die den Weltuntergang beschwören. Schwarze Magie will die Menschen unfähig für die diesseitige Welt machen. Schwarze Magie ist Hexerei.

Sehen heißt intensivste Gabe der Einfühlsamkeit

Viele Menschen haben Angst vor der Zukunft. Durch Einfühlungsvermögen und Telepathie kann ich in sehr vielen Fällen diese Zukunftsängste beseitigen. Auch mit Prüflingen oder Ehepaaren, die zu mir kommen, arbeite ich auf diese Weise, damit die Angst verschwindet. Einmal habe ich sogar einem Hund die Hand aufgelegt: Und es hat geholfen!

Eines Tages bat mich die Mutter eines kleinen Mädchens, ob ich nicht etwas tun könne, damit ihr Kind besser schlafe. Sie selbst hatte alles schon probiert, was sie von der Mutter und ihren Freundinnen wusste. Nun war sie wegen der vielen schlaflosen Nächte mit den Nerven völlig am Ende. Ich habe mir das Kind und die Mutter angeschaut und dem Mädchen zu einem guten Schlaf verholfen. Das Mädchen hängt heute noch an mir. Ich mag sie und ihre Eltern sehr. Wir sind und bleiben immer in Verbindung.

Solche „Heilungen" sind unspektakulär; aber sie machen das Leben der Menschen leichter.

Schwer ist es, wenn ich sehe, dass bei manchen Menschen keine Hilfe mehr möglich ist. Auch meine nicht. Ich versuche dann, den Menschen Hoffnung zu machen, denn die Hoffnung darf man nie aufgeben. Aber es gibt eben auch die anderen, beglückenden Fälle: Ganz selig bin ich immer, wenn es mir gelingt, junge Menschen von ihrer Süchten wegzubringen oder wenn ich Unheil von ihnen abwenden kann.

Ein Herr suchte meine Hilfe und meinen Rat. Ein halbes Jahr hatte er auf einen Termin bei mir warten müssen. Seine Familie besaß ein wunderschönes Haus. Aber im Verlaufe meiner Beratung stellte ich fest, dass alle Personen, die in diesem Hause lebten, krank waren. Außerdem sah ich, dass in der näheren Umgebung des Hauses eine negative Sekte leben musste. Obwohl ich das Grundstück nicht kannte, konnte ich meinen Kunden exakt beschreiben, wo diese Sektenanhänger mit der negativen Energie lebten.

Ich beschloss, mir das Haus einmal anzusehen und es bei Vollmond abzuschirmen und abzubeten, damit das Böse, das von der Sekte ausging, die Menschen im Haus nicht gefährdete.

Seitdem gehe es ihnen gut, versicherte mir der Herr. Er ist mir noch heute dankbar.

Es gibt natürlich auch Leute, die nicht an das Hellsehen glauben. Das ist selbstverständlich jedermann selbst überlassen. Für mich ist meine Gabe dazu da, allen Menschen, die zu mir finden, Rat und Hilfe zu geben. Unser Schicksal ist uns zwar schon bei der Geburt vorgezeichnet, aber man kann vieles verhindern oder abschwächen, wenn man einem geistigen

Rat folgt. Das Leben liebt aber seine eigenen Spielregeln, wie ich an meinen eigenen Kindern erkennen musste. Obwohl sie meine Fähigkeit kennen, befolgen auch sie nicht immer meine Ratschläge. Hinterher heißt es dann immer: „Hätten wir doch bloß auf dich gehört!"

Einer meiner Töchter riet ich vor ihrer Hochzeit: „Heirate bitte nicht kirchlich und schaffe dir erst nach drei Jahren Kinder an!" Ich sah, dass ihre Ehe nicht länger als drei Jahre halten würde. Meine Prognose stimmte wieder einmal. Die Ehe ging sehr bald zu Ende. Heute ist meine Tochter in zweiter Ehe glücklich verheiratet und hat einen wunderbaren Sohn.

Viele Menschen kommen heimlich zu mir zum Kartenlegen. Vielleicht schämen sie sich. Aber auch hier habe ich Verständnis und Einfühlungsvermögen für diese Scheu und bleibe stets diskret. Diese Diskretion ist das A und O für ein vertrauensvolles Arbeiten.

Manche Leute melden sich bei mir unter einem falschen Namen an. In den meisten Fällen erkenne ich das sofort. Ich sehe es, noch bevor die Leute vor mir stehen. SEHEN hat also nicht immer etwas mit sehen zu tun! Die „Anonymen" sind dann immer äußerst erstaunt, wenn ich ihnen das auf den Kopf zusage.

Einmal kam eine ältere Dame zu mir und sagte gleich bei der Begrüßung: „Frau Kapp, ich habe aber nur 5,- Euro. Bekomme ich da von Ihnen trotzdem eine Hilfe?"

Da ich genau weiß, wer lügt und wer die Wahrheit sagt, bekam die Frau Rat und Hilfe von mir, denn sie hatte einen überaus bösen und dazu noch geizigen Ehemann.

In einem anderen Fall bat mich eine Dame in großer seelischer Not um Rat und Hilfe. Die Ehe war durch unseriöse Machenschaften ihres Mannes einer schweren Belastung ausgesetzt. Er hatte sich unrechtmäßig bereichert. Der Betrug flog auf, und der Mann musste ins Gefängnis.

Wie war es dazu gekommen? Der Ehemann, damals um die sechzig Jahre alt, hatte sich – zu seinem Lebenswandel passend – eine junge Freundin zugelegt. Als er ihr nicht mehr so viel bieten wollte, wie sie von ihm erwartete, hatte sie ihren betrügerischen Liebhaber verpfiffen.
Nun wollte die Ehefrau von mir wissen, was sie tun sollte. Ich habe lange mit ihr gearbeitet und ihr geholfen, das Richtige zu tun.

Es gibt Dinge zwischen Himmel und Erde

Es gibt Dinge im Leben, die sich die Menschen häufig nicht erklären können. Man muss oft tiefer schauen, um zu sehen, wie alles zusammenhängt. Es gibt eine starke Verbindung zwischen Himmel und Erde.

In meinen Träumen erscheinen mir manchmal Seelen. Sie rufen nach meiner Hilfe. Es sind Verstorbene, die mich bitten, weil sie mit einer Last nicht zurechtkommen. Irgendetwas lässt sie keine Ruhe finden; und dann rufen sie *mich*! Ist das nicht etwas ganz Wunderbares?

Aber hier muss ich etwas ganz Wichtiges einfügen: Auch wenn die Seelen mir im Traum erscheinen, heißt das doch nicht, dass ich ganz bewusst mit Personen aus dem Jenseits in Kontakt treten kann. Das wäre Schwarze Magie. Und die lehne ich ab.

Häufig geschieht es, dass ich bei der Arbeit mit verschiedenen Personen an einem Tag feststelle, dass fast alle, die an diesem Tag zu mir gekommen sind, unter dem gleichen Sternzeichen geboren sind. Zumeist haben sie dann auch die gleichen Probleme! Hier erkenne ich am deutlichsten, dass die astrologische Analyse von großer Aktualität ist.

Überhaupt ergeben sich aus meiner jahrzehntelangen Arbeit einige interessante Erkenntnisse: Zum Beispiel habe ich festgestellt, dass achtzig Prozent aller im Mai geschlossenen Ehen getrennt werden oder zumindest große Schwierigkeiten bringen. Der Mai ist zum Verlieben da, aber nicht zum Heiraten. Dazu hier noch ein weiterer Tipp für Verliebte: Man sollte nur bei zunehmendem Mond heiraten!

Apropos Mond: Die Menschen sollten den Mond und die Sterne viel mehr beachten, denn sie sind mit unserem Leben und unserem Geschick verbunden. Die Astrologie ist eine alte Wissenschaft und gibt seit Hunderten von Jahren Auskunft über Geschehnisse und Wünsche, genau wie das wahre Hellsehen. Es gab und gibt immer wieder Geschehnisse, die an Wunder grenzen.

Immer wieder erlebe ich, wie die Menschen staunen und mich fragen: „Wie sehen Sie das alles so genau?"

Meine Antwort ist vielleicht nicht immer befriedigend für die Menschen, die alles mit scharfem Verstand analysieren müssen und nur an Dinge glauben, die sie sehen und be-greifen können. Dabei glauben die Menschen doch an so vieles, was weit über das Diesseitige hinausgeht. Auch der Aberglaube lebt so lange, wie es die Astrologie gibt. Wo ist aber die scharfe Trennung zwischen Aberglaube, Brauchtum oder „Ahnen"?

In meinem Kopf laufen Ereignisse, Schicksale und vergangene Geschehnisse als Film ab; wie sie entstehen, das weiß ich nicht. Wenn ich es wissen wollte, wäre ich Wissenschaftlerin geworden. Ich kann nur an die Dinge glauben, die ich sehe – und der Glaube kommt von Gott.

Die Esoterik boomt – die Kassen klingeln

Weshalb scheint es so, als erlebten wir gegenwärtig eine Schwemme von Hellsehern, Geistheilern, Pendlern, Wahrsagern und anderen esoterischen Beratern?

Es hat immer wellenartige Blütezeiten von spiritistischen oder esoterischen Beratern und Praktiken gegeben, wenn in unsicheren Zeiten der Blick in die Zukunft das scheinbar einzig „Sichere" war. Der Stand der Sterne hat die Kulturgeschichte der Menschheit seit Jahrtausenden interessiert. Ist es dann verwunderlich, wenn man einen Zusammenhang zwischen dem Stand der Sterne zum Zeitpunkt der Geburt und zum weiteren Leben eines Menschen vermutet? Hellsehen und Wahrsagen ist also nichts Neues. Weshalb also der gegenwärtige Boom?

Unsere Welt ist kalt geworden. Wir leben in einer modernen Zeit, doch die Menschen klagen über Angstzustände wie noch nie zuvor in den Jahrtausenden der Menschheitsentwicklung. Es sind nicht die archaischen Urängste, wie die Angst vor wilden Tieren oder vor dem Weltuntergang. Schauen Sie sich doch in Deutschland um: Wir sind ein reiches Land, von dem man annehmen müsste, dass es seine Menschen vor Ängsten schützt. Das Gegenteil ist der Fall. Es tauchen ganz neue Ängste auf: *Existenz*ängste! Das ist das Schlimmste, was man sich vorstellen kann. Dabei gibt es keinen Grund für irgendeinen Menschen, befürchten zu müssen, dass er nicht mehr existieren, also nicht überleben könnte in unserer Gesellschaft. Dazu haben wir ein Netz von Vorsorgen und Gesetzen, das jeden auffängt. Niemand bei uns müsste hungern und frieren. Die neue Armut oder die Unterschichten, von denen die Politiker heute sprechen, sind hausgemachte Krisen! Doch diese Krisen machen den Menschen Angst. Angst hat heute einen anderen Namen: Krankheit, Abhängigkeit, Depressionen. Hierbei muss man allerdings auch die Rolle der Medien berücksichtigen: Worüber wird heute nicht immer wieder in verschiedensten Fernsehsendungen gesprochen? Alles wird von allen Seiten moderiert. Was und wer im Fernsehen war, der hat es „geschafft", der hat etwas zu sagen. Dem hört/schaut man zu, dem glaubt man „aufs Wort". Nun haben Sender den „Markt der Unsicheren" entdeckt und bieten astrologische Beratung und Lebenshilfe – zu teuren Einwählkosten, die bei den Telefongesellschaften und Sendern die Kassen klingeln lassen. Aber wie erkennt der Suchende, ob die Astrologen und Horoskop-Ersteller auf der Mattscheibe wirklich befähigte und ehrliche Berater sind?

Ich erinnere mich an zwei Fernsehsendungen, in denen Vertreter verschiedener esoterischer Bereiche, unter anderem auch ich, miteinander diskutiert und ihre Fähigkeiten einer offenen Kritik der Moderatorin gestellt haben. Bei dieser Auseinandersetzung zu bestimmten Fragen konnte der Zuschauer erkennen, ob die Magier oder Wahrsager von Format waren, beziehungsweise welcher Art von Magie sie zuneigten. Hier haben wir uns sozusagen „geoutet", uns dem Zuschauer vor- und dargestellt, unseren geistigen Hintergrund gezeigt und unsere Vorhersagen auf den Prüfstein gestellt.

Viele Anbieter auf dem boomenden Esoterik-Markt gehen mit den Ängsten der Menschen nicht immer ehrlich um. Diesen Vorwurf müssen sie sich gefallen lassen.

Von echten Hellsehern und blinden Quacksalbern

Nochmals die Frage: Warum gehen heute so viele Leute zu einer Hellseherin oder zur Kartenlegerin? Es ist einfach so, dass viele Menschen einsam sind oder einen Menschen suchen, dem sie ihre Probleme anvertrauen können. Leider machen viele, die die Kunst des Hellsehens erlernen wollen und es dann auf dem großen Esoterik-Markt anbieten, katastrophale Fehler. Sie wollen das große Geld machen, vergessen aber dabei, dass dadurch die göttliche Gabe des Hellsehens verlorengehen wird.

Man kann eine hellseherische Fähigkeit nicht herbeiwünschen. Sicher, man kann sich in bestimmten Praktiken ausbilden lassen. Es gibt gute Lehrer, von denen man viel lernen kann auf diesem Gebiet: Handlesen, Astrologie und Ähnliches – aber nie das Hellsehen! Das wirkliche Sehen gehört nicht zu den Techniken und Methoden, die man erlernen kann. Es ist und bleibt eine Gabe Gottes.

Was ist „Hellsehen" genau? Es ist mir selbst oft ein Rätsel, wie ich bestimmte Ereignisse vor mir sehe und dann erlebe, dass sie wirklich so eintreffen, egal ob es Erdbeben, Unwetter oder Kriege sind.

Ausschließlich in der Qualität und Wahrhaftigkeit seiner Aussagen kann man zwischen echtem Hellsehen und verwerflicher Scharlatanerie unterscheiden. Nur wer von Gott berufen ist, seinen Mitmenschen zu helfen, und wer mit dieser außergewöhnlichen Gabe verantwortlich und behutsam umgeht, darf sich Hellseher nennen. Es gibt keine Messlatte und keinen Befähigungsausweis für Hellsehen. Die Menschen müssen es *erspüren*, ob sie an einen echten Hellseher oder aber an einen Scharlatan geraten sind, der gutes Geld aus ihrer Not schlagen will.

Sehen ist eine Berufung, die man sehr, sehr ernst nehmen muss. Es ist eine große Verantwortung; und es kostet enorm viel Kraft! Wer es kann, muss nicht hausieren gehen! Solche auserwählten Menschen, die von Gott berufen wurden, Dinge vorauszusehen oder aus der Hand zu lesen, gibt es nicht viele. Da diese Gnade des Sehens keine im Kurs erlernte Fähigkeit ist, sondern Gott sie vereinzelten Menschen sehr gezielt auferlegt hat, erkennt man den oder die echte HellseherIn ausschließlich an der Wahrhaftigkeit ihrer Aus- und Vorhersagen.

Eine meiner Töchter studierte bei einer Gesangslehrerin in München. Die Lehrerin hörte von mir und wollte meinen Rat. Seit vielen Jahren galt der Bruder der Frau als verschollen. Sie hatte schon viele Stellen und Berater aufgesucht, um etwas über ihren Bruder zu erfahren. Die allgemeine Auskunft war: Ihr Bruder ist tot.

Als mir die Lehrerin ein Bild ihres Bruders zeigte, sah ich, dass er, zwar schwer erkrankt, in Übersee aber noch lebte. Nach meiner Aussage nahm die Schwester tatsächlich die

Recherchen nach ihrem Bruder wieder auf. Wie glücklich war die Frau, als sie nach einigen Wochen seine Adresse fand. Der kranke Bruder lebte tatsächlich in Amerika.

Wenn jemand zu mir kommt – vielleicht weil mich jemand empfohlen oder weil er mich im Fernsehen gesehen oder von mir in der Zeitung gelesen hat – wenn wir uns also noch gar nicht kennen, geschieht es oft, dass ich ihm sofort ins Gesicht sage, welche Probleme er hat. Später, im Gespräch, bestätigt sich dann mein Sehen. Dann ist das Staunen bei meinem Kunden immer groß.

Jetzt können Sie sagen: Vielen Menschen sieht man die Probleme sofort an (in der Körpersprache, in den Augen), das ist also nichts Besonderes. Doch, das ist es. Denn ich sehe mehr als das, was Körpersprache und Augen verraten. Ich sehe, noch bevor ich mit ihnen gesprochen habe, in ihre Vergangenheit und in ihre Zukunft. Ich sehe Krankheiten und Verluste. Ich sehe ihre Irrtümer und ihre Chancen.

Ich sage nur die Wahrheit

Gott hat mir die Gabe mitgegeben, mich in jeden Menschen tief hineindenken zu können. Dieses Geschenk befähigt mich, nur die Wahrheit zu sagen. Und diese Gabe macht mich glücklich.

Ich bete täglich zu Gott, dass er mir sagt, was ich tun soll. Das ist nicht der Gott der katholischen oder der evangelischen Kirche. Ich glaube fest daran, dass es über jede Konfession hinweg etwas gibt, das unser Geschick lenkt. Wir nennen es Gott.

Ich will nichts von den Menschen erfahren, die zu mir kommen und mit denen ich arbeite. Ich nehme sie so, wie sie sind, und erkenne, noch bevor ich mit ihnen arbeite, ob sie gut oder verlogen sind, ob sie mit einem ehrlichen Anliegen oder mit spöttischer Überlegenheit zu mir kommen. Es ist auch für mich erstaunlich, was und wie ich alles sehen kann.

Es geschieht aber auch manchmal, dass ich eine Person unter einem Vorwand wegschicken muss, weil ich sehe, dass sie meine Arbeit in einem falschen Licht sieht. Auch die Karten sagen mir, wenn ein Mensch nicht gut ist. Karten lügen nicht. Menschen lügen.

Manchmal vergehen Wochen oder auch Jahre, ohne dass ich etwas von meinen Kunden höre. Aber wenn sie mich dann nach längerer Zeit wieder anrufen, erinnere ich mich fast an jede Person und an jede meiner Vorhersagen. Ich habe ein phantastisches Gedächtnis und staune selbst darüber, was da alles hängen bleibt. Das ist vielleicht das Geheimnis der geistigen Filme, die ich sehe. Die Bilder bleiben wohl ein Leben lang in meinem Gedächtnis versiegelt.

Ich könnte eine ganze Serie über meine Vorhersagen schreiben. Tausende waren es. Es wäre ermüdend für den Leser, wenn ich alles auflisten würde. Hier will ich nur einige Beispiele aus meiner jahrzehntelangen Praxis als Hellseherin erzählen:

Eine sehr nette Kundin aus M. hatte Eheprobleme. Sie war schon mehrfach bei mir gewesen, und ich hatte ihr die Scheidung vorausgesagt. Die Kundin hatte Vertrauen zu mir und kam regelmäßig zu meiner Beratung. Ich sagte ihr voraus, dass sie wieder heiraten, aber mit ihrer Tochter große Sorgen haben würde.

Nach der zweiten Hochzeit hörte ich längere Zeit nichts von der Frau, bis sie um einen neuen Termin bat. Ihre Tochter hatte ein ernsthaftes Drogenproblem.

Nur einmal befolgte die Kundin meinen Rat nicht. Sie hatte mich gebeten, die Karten zu befragen, ob sie einen Wohnungskauf abschließen sollte. Ich riet ihr ab. Entgegen meinem Rat kaufte sie die Großstadtwohnung. Sie wurde sehr unglücklich damit. Nun war guter Rat teuer. Ich konnte ihr aber voraussagen, dass sie die Wohnung sehr günstig wieder verkaufen würde, und so kam es auch.

In einem anderen Fall schlug das Schicksal härter zu. Ich hatte einem Ehepaar geraten, eine geplante Flugreise nicht anzutreten, weil ich sah, dass bei dem Herrn etwas im Kopfbereich nicht in Ordnung war. Aber wie so oft im Leben, sind die Herren erhaben über die Hinweise einer Hellseherin. Das Ehepaar verwarf meine Warnung und machte die Flugreise – und was geschah, das erfuhr ich wenige Wochen später, als mich die Frau anrief: „Frau Kapp, Sie hatten Recht. Mein Mann starb noch im Urlaub an Gehirnbluten. Er war noch keine fünfzig Jahre alt. Hätten wir doch bloß auf Sie gehört!"

Ja, hätten sie doch bloß auf mich gehört ...

Das Leben hat so viele Facetten. Eines Tages kam eine junge Frau zu mir. Sie war glücklich verheiratet, hatte zwei Kinder und einen guten Mann. Aber der Teufel schien sie zu reiten, sie führte ein leichtsinniges Leben und betrog ihren Mann, wie sie mir selbst berichtete. Wir haben lange miteinander gearbeitet. Die junge Frau fand wieder auf den richtigen Weg – dank meiner und Gottes Hilfe.

Meist kommen die Menschen zu mir, weil Ängste sie drücken. Am häufigsten ist es die Angst vor einer Krankheit. Viele dieser Ratsuchenden habe ich zum Arzt geschickt – und meine Prognosen stimmten! Manche Krankheiten, wie Bettnässen oder Mondsüchtigkeit und sogar Depressionen und Abhängigkeiten, habe ich geheilt. Aber das kostet mich eine ungeheure Kraft. Es stellt für meinen Körper und meine Seele eine enorme Belastung dar.

Ich habe einem Mann, der über fünfundzwanzig Jahre an Migräne litt, die Hand aufgelegt. Danach kamen die Migräne-Anfälle nur noch selten. Meinem verstorbenen Mann habe ich des öfteren das Gehör abgestrichen, damit er es nicht ganz verliert. Bis zu seinem Tode hat mein Streichen geholfen. Meine Fähigkeit reicht auch aus, um Kranken bei der Operation geistig zur Seite zu stehen.

Aber dieses Heilen kann ich nicht am laufenden Band machen. Es kostet mich immense Kraft; und es gelingt mir auch nur, wenn die Menschen, zu deren Heilung ich beitragen möchte, an meine göttliche Fähigkeit glauben. Nur dann ist dem Erkrankten (und mir) der Erfolg vergönnt.

Wenn ich mit den Menschen an jenen Problemen arbeite, deretwegen sie zu mir gekommen sind, sehe ich oft ganz andere Dinge. Sehr häufig stelle ich fest, dass sie von einer Krankheit befallen sind. Hier erkenne ich meine hellseherischen Grenzen: Ich weiß, wo ich *nicht* helfen kann, wo aber dringend ärztlicher Rat eingeholt und moderne Untersuchungsmethoden angewandt werden müssen. Dann empfehle ich den Leuten einen umgehenden Arztbesuch. Aber noch bevor die Untersuchungsergebnisse der Schulmedizin vorliegen, weiß ich oft, an welcher Krankheit jemand leidet.

Ein Freund rief mich eines Tages an. „Johanna, ich habe Kopfschmerzen. Ich habe Angst vor einem Tumor im Kopf." Ich sah in meinen Karten nach und konnte meinen Freund beruhigen. „Geh zum Zahnarzt!" Und es stellte sich heraus: Es waren tatsächlich die Zähne! Meine Prognose stimmte also wieder einmal.

Ungläubigen Menschen kann ich nicht helfen, wie folgendes Beispiel zeigt:

Ein Heilpraktiker kam zu mir. Ich riet ihm, zu einem Spezialisten zu gehen. „Sie haben ein schlimmes Magenleiden." Der Mann lächelte nur. „Ich helfe mir selbst", wischte er meine Empfehlung vom Tisch. Das war ein Fehler von ihm. Wenige Wochen später war seine Partnerin bei mir und bestätigte mein Sehen: Bei ihrem Mann war schließlich doch von einem Schulmediziner Magenkrebs diagnostiziert worden.

Einem Schauspieler riet ich einmal dringlich, zu einem Herzspezialisten zu gehen. Damals lächelte er mich nur an. Nach zwei Jahren starb er am Herzinfarkt, er wurde keine sechzig Jahre alt.

Eine Dame kam zu mir. Sie war glücklich und in besten Verhältnissen verheiratet und erlebte mit vierzig Jahren zum ersten Mal eine Schwangerschaft. Der Arzt hatte Bedenken wegen dieser Spätschwangerschaft und riet der Schwangeren zum Abbruch. Die Frau kannte mich schon lange und kam zu mir, denn sie quälte sich mit ihrer Entscheidung. Ich befragte meine Karten und sah darin, dass die Frau das Kind unbedingt austragen sollte. Sie war gesund und kräftig und würde einen ebenso gesunden und kräftigen Knaben zur Welt bringen. Der Bub ist inzwischen ein stattlicher Mann geworden.

Eines Tages kam eine Dame aus A. zu mir. Sie und ihr Mann hatten einen starken Kinderwunsch. Ich sagte ihr eine Schwangerschaft voraus, allerdings auf Umwegen und erst nach sechs Jahren. Lange hatte ich nichts von der Frau mehr gehört. Nach sechs Jahren kam sie wieder zu mir. Ich legte ihr die Karten auf und sah zwei Kinder. Die junge Frau bestätigte es mir: „Ja, Frau Kapp. Sie haben recht, wir haben zwei Kinder. Vor drei Monaten haben wir ein Kind adoptiert. Und heute bin ich schwanger!"

Im Frühjahr 2006 war ein Kunde bei mir und bedankte sich, dass ich ihn und seine Familie rechtzeitig gewarnt hatte. Was war geschehen? Die Familie hatte für Dezember 2005 einen Flug nach Sri Lanka gebucht. Vor diesem Flug waren sie bei mir gewesen, um zu erfahren, ob alles gut gehen würde. Damals hatte ich ihnen dringend geraten: „Fliegen Sie noch vor Weihnachten zurück, sonst geschieht Ihnen etwas Schreckliches." Sie haben meinen Rat befolgt und sind vor Weihnachten zurückgeflogen. Am 25. Dezember haben sie dann am heimischen Fernseher die Bilder von der schrecklichen Tsunami-Tragödie in Sri Lanka gesehen. Dank meiner Voraussage und Warnung haben sie überlebt.

Sensationslust oder Hellsehen?

Es sprach sich herum, dass ich die Gabe habe, die Wahrheit zu sehen und auszusprechen! Man erkannte, dass ich niemanden gegen seinen Willen von meiner Gabe des Sehens überzeugen, noch Geld und Vorteil aus meinen Vorhersagen schlagen wollte.

Das fiel auch Journalisten und Medienleuten auf. Plötzlich war mein Name bekannt. Namhafte Redakteure und Journalisten der Presse und der Fernsehanstalten baten mich um Interviews und Voraussagen. Ich bekam Hunderte von Briefen, die ich alle beantwortet habe – außer den Bettelbriefen.

Ganz besondere Aufmerksamkeit haben natürlich Aussagen von Hellsehern, die über das einzelne menschliche Schicksal hinausgehen. Auf solche allgemeinen Prognosen fliegen die Medien. Zum einen sind die Voraussagen oft spektakulär, zum anderen kann man sie überprüfen, und das in aller Öffentlichkeit. Ich habe mich nicht gescheut, Dinge in dieser Öffentlichkeit auszusprechen, wenn ich danach gefragt wurde. Hier nur einige wenige Beispiele:

In einer Zeitschrift habe ich vorausgesagt, dass das Leben eines Politikers in Gefahr sei. Drei Wochen später geschah der Anschlag auf Minister Schäuble.

Als 1991 die Entscheidung zur Diskussion gestellt wurde, ob der Bundestag weiterhin in Bonn oder künftig in Berlin sein werde, habe ich die richtige Voraussage gemacht, wie sich wenige Wochen später herausstellte.

Der Main-Donau-Kanal hat jahrzehntelang Schlagzeilen gemacht. Besonders das letzte Teilstück zwischen Nürnberg und Kehlheim, das durch das wunderschöne Altmühltal führen sollte, stand in der öffentlichen Diskussion. Öffentlich habe ich vorausgesagt, dass der Kanal seiner Vollendung entgegengeht. Entgegen den Einsprüchen der Naturschützer sah ich sogar, dass der Kanal die Natur bereichern würde.

Ich habe vorausgesehen, dass der Kommunismus zusammenbrechen wird und Terrorismus, Erdbeben und Unwetterkatastrophen die Welt erschüttern werden.

Wenige Jahre vor dem Fall der Berliner Mauer habe ich in einer Zeitschrift vorausgesagt, dass in drei bis vier Jahren nicht mehr die Rede davon sein werde, wie schwer der (Grenz-)Übergang einst gewesen ist. Ich sah, dass sich die europäischen Länder und Amerika immer näher kamen und in absehbarer Zeit wichtige Verträge miteinander abschließen würden. Ich habe Deutschlands Wiedervereinigung vorausgesagt. Damals meinte man, ich sei mit meinen Ahnungen sensationslüstern. Als dann im November 1989 die Mauer fiel, haben sich viele an meine Vorhersage erinnert. Ich habe viel Post, Anrufe und Danksagungen bekommen.

Als im März 2003 der Irak-Krieg ausbrach, kündigte ich an, dass er innerhalb von sieben Tagen oder sieben Wochen beendet würde. Im April 2003 kapitulierten die irakischen Streitkräfte.

Gott gab mir die Gnade zu sehen. Er sprach aber nicht zu mir: „Johanna, du sollst darben!"

Gott hat mir die außergewöhnliche Kraft gegeben, meinen Mitmenschen zu helfen. Aber er hat nicht gesagt, dass ich dafür darben muss. Anderen gab er die Gnade des musikalischen oder künstlerischen Genies. Auch diese Menschen beglücken andere – und sie nehmen Geld dafür. Göttliche Befähigungen kosten Kraft, eine enorme Konzentration und die Zeit intensivster Ruhe, um wieder aufzutanken.

Man darf also nicht nur die Stunde oder den Augenblick meiner Arbeit bewerten. Ein Leben als Hellseherin verläuft nicht im Stundentakt. Es ist ein Leben nach innen, ein Leben im unaufhörlichen Kontakt mit etwas Größerem, das mich als sein Werkzeug schuf, um meinen Mitmenschen zu helfen. Da geht es nicht um spektakuläre Aussagen über die Zukunft, die im Trend liegen oder die Aufmerksamkeit der Medien erheischen, auch wenn mir viele solcher spektakulären Voraussagen gelungen sind. Ich sah sie, also waren sie bereits im Werden.

Wenn ich zum Beispiel bei öffentlichen Veranstaltungen, etwa bei Sylvesterfeiern, zu denen ich jahrelang in große Häuser gebeten wurde, Zukunftsprognosen machte, den Menschen aus der Hand las oder sie beriet, dann war das höchste Konzentration und Anspannung für mich. Die scheinbare Leichtigkeit, die man sieht, gerade bei großen Katastrophen oder wirklichem menschlichen Leid, ist für mich intensivste Schwerstarbeit; denn ich tue den Menschen keinen Gefallen und verspreche ihnen die Sterne vom Himmel, um sie glücklich und mich reich zu machen.

Die Verpflichtung, die Gott mir mit meiner Hellsichtigkeit gab, zwingt mich permanent zur Wahrheit. Das heißt: Ich konzentriere mich auf den Menschen, der vor mir steht, oder auf ein Ereignis, das ich voraussehe. Die Kunst ist es, den Menschen nicht noch größere Angst vor von mir vorhergesehenen Ereignissen oder Krankheiten zu machen, sondern ihnen zu helfen, sich diesen Ereignisse zu stellen oder sie durch bestimmte Ratschläge von mir zu meiden. Dann liegt es nur noch im Verantwortungsprozess der Menschen, meine Ratschläge zu befolgen.

In einem Fall ging es um Erbschaftsangelegenheiten; denn auch dabei wollen die Menschen meinen Rat. Wie hilfreich das sein kann, zeigt folgende Begegnung:

Ein Kunde kam zu mir. Er wollte nach dem Tod seines Vaters alles Mobiliar aus dem Haus des Verstorbenen verkaufen. Ich riet ihm dringlichst davon ab. „Tun Sie das nicht. Irgendwo ist Geld oder Geldeswert versteckt." Daraufhin ging ich in sein Haus und pendelte die Möbelstücke durch. In einem alten Schreibtisch fand ich ein geheimes Fach. Und richtig: Darin war ein Säckchen voller Goldmünzen versteckt!

Viele meiner Vorhersagen haben die Ratsuchenden mit Geldsegen beschenkt oder ihnen zumindest zu einem angenehmen Wohlstand geführt:

Ich habe sehr liebe Freunde in Österreich. Bei meinem ersten Besuch in ihrem Hotel habe ich ihnen vorausgesagt: „Ihr werdet anbauen, und das wird eine echte Goldgrube für euch sein." So kam es zu einem wunderschönen, vielbesuchten Hotelkomplex.

Bei einer Bauernfamilie habe ich durch Pendeln eine Münzsammlung in ihrem Haus gefunden. Mit diesem Geld haben sie eine Reihe von Ferienwohnungen gebaut und sind so zu echtem Wohlstand gekommen.

Seit Jahren berate ich ein Bauern-Ehepaar, und immer mit Erfolg. Sie benötigen meine Hilfe, denn Sie haben viele Neider. Der Herrgott hat mir zum Glück auch die Gabe gegeben, gegen das Böse beten zu können.

Ein Herr aus Bonn wollte ein Haus in Karlsruhe kaufen. Ich riet ihm ab: „Kaufen Sie nicht dieses Haus, in neun Tagen bekommen Sie ein weitaus besseres Angebot, und zudem noch billiger." Genauso kam es.

Ein Kunde wollte am Ammersee eine Wohnung verkaufen und fragte mich, ob der Preis gerechtfertigt sei. Ich riet ihm zu einem höheren Verkaufspreis. „Wenn das stimmt, bekommen Sie eine Belohnung!", sagte der Mann. Und auch das trat ein.

Einem Herrn aus M. sagte ich voraus, dass er seine reiche Tante beerben werde. Der Mann bezweifelte das und war sehr überrascht, als es genau so kam, wie ich es vorhergesagt hatte: Das Testament seiner Tante aus Garmisch machte einen reichen Mann aus ihm.

Einem Bankdirektor musste ich voraussagen, dass seine Bank überfallen werden würde. Sofort unternahm der Bänker entsprechende Schritte. Dank meiner Warnung kam es nicht zu diesem Überfall. Dass ein solcher Plan aber bestanden hatte, wurde ihm und mir tatsächlich offiziell bestätigt. Doch der Mann hatte nicht nur berufliche Probleme. Als er bei mir war, sah ich, dass seine Frau irgendetwas am Hals hatte und dringend ins Krankenhaus musste. Gott sei Dank war alles gutartig.

Einmal wurde ich gebeten, nach einem versteckten Erbe zu suchen. Der verstorbene Onkel meines Auftraggebers musste ein echter Spaßvogel gewesen sein: Er hatte den Tresor einmauern lassen.

Ich pendelte die Wohnung durch und fand im Keller die Stelle, an der ich den Tresor vermutete. Aber der Neffe des Verstorbenen glaubte mir nicht und unternahm nichts.

Drei Jahre später suchte mich seine junge Frau auf. Es klang fast unglaublich, was sie mir berichtete: „Frau Kapp", sagte sie, „Sie hatten Recht. Hätten wir doch auf Sie gehört! Wir haben alles verloren!" Was geschehen war, war Folgendes: „Wir waren im Urlaub und hatten einen Handwerker damit beauftragt, in dieser Zeit eine Warnanlage in unserem Keller einzubauen. Als wir zurückkamen, fanden wir im Keller den eingemauerten Tresor – aber Inhalt und Handwerker waren verschwunden."

Ob die Polizei inzwischen den Täter gefunden hat, weiß ich nicht.

Wegen persönlicher Probleme besuchte mich eine Geschäftsfrau. Ich musste ihr raten, etwas achtsamer mit ihrem Geld umzugehen. Nach zwei Jahren kam sie wieder zu mir. Wie sie mir nun berichtete, hatte sie meinen Rat von damals nicht befolgt und mit viel zu großen Anlagen fast ihr ganzes Geld verloren. Nun war sie nahezu mittellos. Das war wieder einmal ein Beispiel, dass die Menschen Hinweise zu ihrem Schicksal viel zu wenig verstehen. Manchmal soll ein Hinweis eine Warnung sein.

Viele Menschen haben mich in den vergangenen Jahrzehnten und noch heute um meinen Rat gefragt. Sollte ich dann Skrupel haben, wenn ich mir meine Fähigkeit bezahlen ließ? Sollte ich den Lohn meiner Arbeit ausschlagen, wenn ich – ganz besonders in Künstlerkreisen – immer wieder um Rat gefragt wurde? Würden Sie das tun?

Die meisten Menschen sind dankbar über meine Voraussagen. Doch einige vergessen später ihre Versprechungen. Aber es macht mir nichts aus. Der Herrgott wird es mir lohnen.

Gnade ist keine Last

Ich habe ja schon gesagt: Sehen heißt auch Verantwortung. Da ich nur die Wahrheit sage, weiß ich auch, *was* ich sage. Würde ich aber alles, was ich sage und sehe, auf meine Seele nehmen, ginge ich daran zu Grunde. Ich kann abschalten. Das muss ich! Aber dass dieses Abschalten nur ein oberflächlicher Prozess in meinem Kopf ist, sehe ich daran, dass alles wieder da ist, wenn ein Mensch nach Wochen erneut zu mir kommt. Ich erinnere mich dann an alles. Was ich gesehen habe, ruht also permanent in mir, auch wenn ich nicht täglich daran denke.

Das könnte man zum Beispiel als Beweis dafür nehmen, dass ich *wirklich* sehen kann: Ich erinnere mich an das, was ich vor Wochen vorausgesagt, was ich vor Monaten und Jahren vorausgesehen habe. Würde ich lügen, müsste ich mir ja alle meine Lügen merken! Das könnte niemand!

Damit ich abschalten kann, brauche ich viel Schlaf und die Natur. Ich liebe die Natur. Bäume, vor allem Kirschbäume, geben mir Kraft. Schon als Kind bin ich – ohne dass ich schon von meiner Fähigkeit wusste – immer zum alten Kirschbaum auf dem Grundstück meiner Großmutter gegangen und habe dort das verarbeitet, was mich bedrückte. Heute weiß ich, dass mir der Baum Kraft gab.

Das wirkliche Hellsehen unterscheidet sich vom Phantasieren in der Qualität und in der Wahrhaftigkeit der Aussagen. Man muss deshalb sehr behutsam mit seinen Aussagen sein; denn sie beglücken nicht immer jene, die um Rat fragen, sondern belasten sie auch.

Eine Mutter kam durch eine Empfehlung zu mir, weil ihr Sohn verschwunden war. Die Mutter war zu allen Opfern bereit, um ihren Sohn zu finden. Sie brachte ein Foto von ihm mit; aber ich stellte wieder das Schlimmste fest. Ich sah, dass der Sohn sehr weit weggefahren war. Ich sah das Ausland bei ihm und eine große Gemeinschaft.

Der junge Mann war in Thailand in eine Sekte geraten. Ich sah, dass der Junge darin umgekommen war. Die Mutter forschte nach und bekam die Bestätigung.

Gott erhört meine Gebete

Sehen ist nicht nur Hinschauen. Es ist der ständige Kontakt zu Gott, der mir diese Fähigkeit und die Kraft gab, das Sehen auszuhalten. Ich bete täglich zu Gott und danke ihm. Natürlich ist die Intensität meiner Kraft, Dinge zu sehen, nicht immer gleich intensiv. In besonders schweren Zeiten, etwa während des Krieges oder in den Monaten, als ich meine Ehemänner und meine beiden Söhne verlor, waren meine Gebete besonders intensiv. Viele Jahre später, als mein Leben wieder im Gleichgewicht war, wurde die Intensität wieder stärker.

Natürlich bin ich schwach, wenn ich selbst krank bin; und ich bin es oft gewesen. Aber die Fähigkeit zu Sehen hat mich nie verlassen. Gott hat sie mir für ein Leben gegeben. Es gibt also keine „hellen Momente" oder „Gesichte", wie Sie das vielleicht vermuten möchten. Es liegt in mir zu sehen, wann immer ich dazu aufgefordert werde. Sehen ist also wirklich ein großes Glück für mich! Noch heute bete ich in ganz besonderen Momenten zu „meiner Madonna".

Vom Glauben und Aber-Glauben

Bei vielen Menschen herrscht die Meinung vor, dass eine Hellseherin nicht gläubig, sondern aber-gläubisch sei.

Den Aberglauben gibt es, so lange es die Menschheit gibt. Er ist älter als der christliche Glaube. Noch bevor die Schrift erfunden wurde, glaubten die Menschen an bestimmte Zusammenhänge in der Natur. Sie beschworen mit Bildern und Runen oder mit bestimmten Riten ihre heidnischen Götter, brachten Opfer, deren Sinn nirgendwo belegt war, und schworen auf die Traditionen, die mit diesen Ritualen verbunden waren. Sie glaubten daran.

Ich behaupte heute, dass mindestens achtzig Prozent aller Menschen abergläubisch sind, ohne dass sie es zugeben würden. Man „glaubt" an das Omen der schwarzen Katze, klopft auf Holz, wenn man ein kleineres Unheil von sich selbst abwenden will, oder gießt in der Silvesternacht Blei. Wer kann entscheiden, was daran aber-gläubisch ist?

Mir ist es wichtig zu sagen und zu leben, dass ich eine sehr gläubige Frau bin. Jeden Morgen bete ich zu Gott, er möge mich auch künftig bei meinem Sehen führen; und am Abend danke ich ihm für diese Gnade. Ich stehe immer in einer sehr engen Verbindung zu Gott. Ich fühle mich als sein Werkzeug.

Wir alle glauben doch an eine Macht, die über uns steht. Man nennt sie Gott, das Göttliche, Allah oder Buddha – jede Religion versteht unter Gott das Gleiche, nur hat die „Macht" einen anderen Namen.

Man muss nur aufpassen, dass man den Weg zu Gott nicht verliert; zum Beispiel wenn man Hell- oder Wahrseherei nur oder überwiegend aus finanziellem Interesse ausübt.

Aber zum Aberglauben zurück. Aberglaube ist ein „Volksglaube", ein Glaube an Gespenster und Geister. Für viele Menschen, selbst hartnäckige Wissenschaftler, bekannte Politiker und besonders häufig Menschen aus der Künstlerszene, ist er so mit dem täglichen Leben und Denken verwachsen, dass sie es gar nicht mehr merken. Wer freut sich nicht, wenn er einen Kaminkehrer trifft (und ihn sogar küsst)? Weshalb ist das Spucken über die linke Schulter oder „toi, toi, toi" bei Schauspielern ein bedeutendes Ritual? Weshalb gibt es im Flugzeug keine Reihe 13? Weshalb ist Freitag der 13. für viele Menschen ein Horrortag? Für andere ist es ein Glückstag. Was stimmt nun?

So lange der Aber-Glaube an diese überkommenen Dinge nicht schädlich ist, mag er seine Berechtigung haben. Aber wenn ich als Hellseherin, die an Gott, an Christus und an den Heiligen Geist glaubt, diesen abergläubischen Aussagen folgen würde, müsste ich meine göttliche Aufgabe verlassen: Denn ich darf nur die Wahrheit sagen. Ich darf nicht spekulieren, nicht interpretieren und schon gar nicht nach dem Munde reden.

Es ist vielleicht das Wort, das so ungenau ist. „Aber-Glaube" enthält seinem Sinn nach das Wort „Glauben", aber – nichts Genaues weiß man nicht …

Für mich gibt es schon einige Dinge, die andere dem Aberglauben zuordnen würden. Zum Beispiel das Bleigießen oder andere überlieferte Bräuche, wie die Raunächte, das Sinnbild der Träume oder dass man niemals im Mai heiraten sollte. Was will ich damit sagen? Woher nehme ich solche Aussagen?

Sie resultieren aus den jahrzehntelangen Analysen meiner Arbeit. Ich habe tausende Gespräche mit Menschen geführt, habe mich in ihre Vergangenheit und ihre Zukunft hineingefühlt, habe ihre Träume analysiert und die Silvester-Bleifiguren gedeutet, habe Ereignisse und Dinge gesehen, die den Menschen unglaublich waren – wieder verwende ich den Wortstamm „Glauben". Wenn wir uns etwas nicht vorstellen können, wenn es nicht in unsere Vorstellungswelt hineinpasst, dann ist es für uns „un-glaublich". Es wäre eine Sünde und nur ein Teil unserer geistigen Realität, wenn wir nur das glauben würden, was wir uns vorstellen können.

Bleigießen oder die Macht der Raunächte sind für mich mehr als überlieferte Bräuche. Wenn ich solche Hilfsmittel, denn das sind sie für mich, ebenso wie die Karten, anwende, dann *sehe* ich! Ich glaube nicht an diese Bräuche, ich *sehe* Dinge, die wie Filme vor meinem inneren Auge vorüberziehen. Ich habe über die vielen Jahrzehnte meiner Arbeit erkannt – und es ist für mich ohne Zweifel –, dass ich von Gott beauftragt wurde zu SEHEN. Ich *kann* es, ich muss es nicht beschwören. Die Bilder kommen spontan oder mit Hilfe bestimmter Hilfsmittel. Das geht aber nur, wenn ich mich sehr konzentriere. Weil ich nur die Wahrheit sagen darf, überprüfe ich das, was ich sehe, nochmals mit anderen Methoden. Ich benutze die Astrologie zur Berechnung und Überprüfung meiner Aussagen ebenso wie das Pendel oder die Karten.

Für Menschen, die nicht an die Kunst des Wahrsagens glauben, ist das purer Mystizismus, vielleicht sogar Ketzerei oder Zauberei. Dass sich mein Glaube an meine göttliche Gabe durchaus mit dem Glauben an Gott oder mit dem kirchlichen Glauben schlechthin verträgt und nicht unüblich ist, zeigt sich auch darin, dass es innerhalb der Katholischen Kirche Priester gibt, die sich ernsthaft mit Parapsychologie beschäftigen.

Niemand hat das Recht, sich schicksalhaft in das Leben anderer Menschen einzumischen. Ich kann mit meiner Gabe den Menschen helfen, bestimmte Konflikte zu lösen, kann sie vor bestimmten Situationen warnen oder ihnen Dinge aus ihrer Vergangenheit sagen, durch deren Kenntnis sie die Gegenwart und ihre Zukunft selbst besser verstehen und bewältigen können. Ich kann sie auf gesundheitliche Probleme aufmerksam machen, aber ich mute mir nicht an, die Menschen medizinisch zu heilen. Lindern kann ich bestimmte Schmerzen oder Leiden schon. Ich sehe die körperlichen Defizite und kann den Menschen den Rat geben: „Gehen Sie zum Arzt ..."

Ein Leitfaden für inneren und äußeren Frieden

Jede Gesellschaft bringt eine eigene Spezies Mensch hervor. Heute leben die Menschen auf einem Niveau, das noch nie so hoch war in der langen Entwicklung der Menschheit. Wir sind auf dem höchsten Stand der Technik, die uns eine ungehinderte Mobilität und alle notwendigen Ressourcen liefert. Heute ersetzt die Technik die meisten körperlichen Arbeiten, an denen unsere Vor-Vorfahren erkrankten oder gar starben. Heute müssen wir nicht mehr mit Harpune oder Pfeil auf die Jagd gehen; die *Jagd* beginnt heute mit dem Lesen von Supermarkt-Schnäppchen.

Den Tod nach Verletzungen bei diesen archaischen Arbeiten müssen wir heute nicht mehr fürchten, denn unsere medizinische Forschung und Versorgung sind so hoch wie noch nie und stehen allen Mitgliedern der Gesellschaft zur Verfügung, trotz oder ohne Gesundheitsreform.

Es gibt allerdings einen gravierenden Unterschied gegenüber früher: Damals war jedes Mitglied einer Sippe, einer Familie oder eines Dorfes für eine Arbeit eingeteilt. Nur die Schwachen und Kranken waren davon befreit. Das Wort „Freizeit" ist sicherlich nicht in diesen frühen Jahrhunderten geprägt worden.

Heute arbeiten wir von den vierundzwanzig Stunden, die ein Tag währt, von Montag bis Freitag etwa acht bis zehn Stunden, damit wir uns in der verbleibenden Zeit regenerieren und die nötigen Geräte für die Freizeit erwerben können.

Freizeit ist ein hohes Gut unserer modernen Gesellschaft. Nur sind die meisten Menschen in dieser Zeit nicht wirklich *frei*. Sie jagen dem Idol der faltenlosen Jugend hinterher, messen sich in dem, was sie haben und fühlen sich bei all der Freizeit betrogen, wenn das Leben wieder etwas beschwerlicher wird.

Unsere Zeit unterscheidet sich von der früherer Jahrhunderte durch die nicht mehr garantierte Sicherheit des Arbeitsplatzes und des damit verbundenen Wertgefühls. Diese moderne Gesellschaft scheint krank zu machen. Es fehlt die Akzeptanz von Regeln. Es fehlt häufig das gemeinsame Erleben.

Viele Menschen leben heute in Single-Haushalten. Damit entfällt das Sorgen für andere, das Zuhören, das Sprechen, das Aufgehobensein, die Pflicht. Die Single-Gesellschaft entspricht nicht der evolutionären Entwicklung. Ja, sie widerspricht ihr sogar.

Die Menschen vereinsamen; und einsame Menschen sind kranke, verunsicherte Menschen. Sie verlieren die angeborene Fähigkeit, der eigenen inneren Stimme zu lauschen. Die Manipulation durch Modetrends und Meinungen verstärkt diese Verunsicherung. Deshalb ist heute die Suche nach Antworten durch Horoskop oder astrologische Beratung so groß.

Was sollten wir Menschen also tun?

Jeder Mensch wird mit einer inneren Stimme geboren. Es ist eine leise Stimme, die allzu schnell und allzu oft übertönt wird von lauten Verführungen. Wer diese innere Stimme verliert, wird krank an der Seele; denn die innere Stimme ist die Seele des Menschen.

Eigenartigerweise höre ich oft, wenn ich mit Ratsuchenden gearbeitet habe und sie auf bestimmte Dinge hinweise, Einwände wie: „Eigentlich habe ich das ja gewusst!" oder „Ich habe das gespürt ..." Aber die Menschen glauben nicht mehr an ihre innere Stimme – sie glauben nicht mehr an ihre eigene Seele. Stattdessen rennen sie verantwortungslosen Gurus hinterher, die den „Jungbrunnen" oder mit raffinierten astrologischen Tricks alles Glück dieser Welt versprechen.

Das tue ich nicht. Ich diene nur der Wahrheit und spüre dabei, dass ich den Menschen dabei helfe, ihre eigene innere Stimme wieder zu hören und ihr zu vertrauen. Mit meiner Hilfe können die Menschen ihrer Seele wieder ein Profil geben. Das führt häufig auch zu Gott oder zu einer Gläubigkeit, die nicht an Konfessionen gebunden ist.

Die Menschen sollten die Zeichen ihres Körpers nicht verdrängen, bis sie ihn nicht mehr erkennen. Sie sollten wieder mehr auf ihren Ursprung zurückgehen und sich so geben, wie sie sind. Früher waren die Menschen gläubiger. Heute sind sie bei allem Reichtum an Erlebnissen, Gütern und Fortschritt vergesslich geworden. Oder deswegen?

Nun bin ich alt und weise

Fast acht Jahrzehnte habe ich Dinge gesehen, die für andere unsichtbar blieben. Gott hat es mir gelohnt, dass ich seine Gabe so verantwortungsvoll gehütet habe. Niemals ging es mir bei meiner Arbeit darum, mich interessant zu machen oder nach Schlagzeilen in der Presse zu gieren. Ich konnte nicht anders, als zu sehen und zu helfen.

Der größte irdische Dank für meine Arbeit sind die vielen Briefe, Anrufe und Glückwünsche meiner Kunden: „Liebe Krau Kapp, ich danke Ihnen ... Bleiben Sie gesund ... Bleiben Sie uns erhalten ... Wir brauchen Sie noch ..."

Manchmal kommen die Kunden nach sechs oder acht Jahren wieder zu mir. Meine Ratschläge haben sie immer begleitet, manche haben sie befolgt, andere in den Wind geschlagen. Aber am Ende müssen sie mir immer wieder bestätigen: „Sie haben Recht gehabt, Frau Kapp. In Zukunft werden wir tun, was Sie sagen ..."

Acht Jahrzehnte habe ich diesen Gottes-Dienst geleistet; und ich werde weiterhin, so lange mir der Herrgott das Leben schenkt, bemüht sein, den Menschen zu helfen und ihnen zu raten. Täglich kommen Anrufe von Menschen, die Rat und Hilfe suchen. Ich werde mein Bestes tun – mit Gottes Hilfe.

Ich muss meinem Herrgott danken, dass ich noch immer arbeiten und helfen darf. Wenn ich spüre, dass Gott mich abberuft, werde ich zu diesem Zeitpunkt mit seiner Hilfe jemanden auswählen, der meine Arbeit als Hellseherin fortführen wird. Vielleicht wird es meine Tochter Petra sein?

Achtsam leben

Johannes Clausner
Liebe den Tag
Heilungsworte für
das tägliche Leben
Hardcover, 144 Seiten,
ISBN 978-3-89427-356-9

Die schönsten Texte aus dem „Notizbuch" von Johannes Clausner.
„Menschen sind Engel mit einem Flügel. Sie müssen sich umarmen, um fliegen zu können." Diese tiefe Einsicht des Augustinus charakterisiert auf feinsinnige Art die Botschaft dieses kleinen Büchleins. Es sind Texte, die in einem Moment der Stille gelesen werden wollen, in dem allein sie ihre zarte innere Strahlkraft in den Tag entlassen können.

Johannes Clausner
Die Heilkraft der Gebete
Hardcover (Format 10,2x15,5 cm)
ISBN 3-89427-320-8

Johannes Clausner hat in seinem sehr persönlich gestalteten Gebet Buch eine Reihe überaus kraftvoller Gebete aus allen religiösen Traditionen ausgewählt, die es dem Einzelnen ermöglichen, in einen innigen Dialog mit Gott ei zutreten. Darüber hinaus enthält es Heilungsgebete oder Gebete a: die Engel, die den ganzen Bereich menschlichen Lebens umfassen. Ein kostbarer Wegbegleiter der Seele auf dem Weg ins Reich Gottes.

Angela Schäfer
Die heilende Kraft des Dankens
Hardcover, 240 Seiten
ISBN 3-89427-335-6

Angela Schäfer schlägt in ihrem revolutionären Werk einen neuen Weg vor – den Weg des Dankens. Sie schildert auf bewegende Weise ihre eigenen Erfahrungen auf dem „Pfad des Dankens" sowie die wunderbaren Erlebnisse anderer Menschen, die ebenfalls die segensreichen Wirkungen des Dankens erfahren durften.

Die Entscheidung, für alle Gaben der göttlichen Welt schon im Voraus zu danken, setzt eine Fülle an heilenden Kräften in Bewegung. Das ganze Wesen des Menschen beginnt sich zu wandeln. Das Leben wird auf einmal bejaht und hält so plötzlich eine Fülle positiver Überraschungen bereiht. Der „Pfad des Dankens" öffnet das Herz für die allgegenwärtige Liebe Gottes und ermöglicht so allmählich – oder manchmal auch spontan – die vollständige Heilung und Ganzwerdung des Menschen.

Achtsam leben